曹庄子村志

《曹庄子村志》编修委员会　编

U0953066

方志出版社
Publishing House of Local Records

图书在版编目（CIP）数据

曹庄子村志 /《曹庄子村志》编修委员会编 . — 北京：方志出版社，2024.1

ISBN 978-7-5144-6214-2

Ⅰ . ①曹…　Ⅱ . ①曹…　Ⅲ . ①村史−西青区　Ⅳ . ① K292.15

中国版本图书馆 CIP 数据核字（2024）第 016374 号

责任编辑：程　倩
责任校对：张玉霞
责任印制：梅中英
出 版 者：方志出版社
地　　址：北京市朝阳区潘家园东里 9 号（国家方志馆 4 层）
邮　　编：100021
网　　址：http://www.zgfzcb.cn
发　　行：方志出版社图书营销中心（010−67110500）
印　　刷：北京中科印刷有限公司
开　　本：787 毫米 ×1092 毫米　1/16
印　　张：19
字　　数：376 千字
版　　次：2024 年 1 月第 1 版
印　　次：2024 年 1 月第 1 次印刷
定　　价：128.00 元

中北镇曹庄子村在天津市位置示意图

曹庄子村在中北镇位置示意图

魅力曹庄子村（王秀增摄于 2015 年）

曹庄子村党群服务中心（朱德慧摄于 2018 年）

曹庄子村党群服务中心便民服务大厅（刘小磊摄于 2015 年）

20 世纪 90 年代种植的晚香玉

晚香玉（李淑起摄于 2017 年）

村民朱生文种植菊花（李淑起摄于 2003 年）

天津星光橡塑有限公司外景（朱德慧摄于 2017 年）

天津丰田钢材有限公司剪板车间（中北镇志办提供　2018 年）

宝月大厦

喆·啡酒店

中北工业园生活服务区

7 天连锁酒店（朱德慧摄于 2017 年）

老村胡同

曹庄子村老大桥（李四君提供　2008 年）

曹庄欣苑翠竹园（王秀增摄于 2015 年）

曹庄欣苑小区（王秀增摄于 2015 年）

曹庄欣苑春夏美景（王秀增摄于 2013 年）

曹庄欣苑秋冬美景（朱德慧摄于 2018 年）

2016 年 11 月 28 日，新疆和田“两学一做”考察团到曹庄子村开展“两学一做”研讨交流（刘小磊摄）

2018 年 11 月，曹庄子村全体党员参观冯家庄村党史馆（刘小磊摄）

2018 年 7 月，曹庄子村党委换届选举现场
（李淑起摄）

开展创文志愿活动
（刘小磊摄于 2017 年）

2018 年 8 月，曹庄子村村民委员会换届选举现场（李淑起摄）

2019 年 9 月 26 日，曹庄子村庆祝中华人民共和国成立 70 周年文艺演出（李淑起摄）

舞狮表演（马苏清摄于 2014 年）

高跷表演《八仙庆寿》（王秀增摄于 2015 年）

法鼓表演（王秀增摄于 2015 年）

曹庄子村烈士陵园（朱德慧摄于 2018 年）

百年古槐（朱德慧摄于 2018 年）

村民杨玉凤十字绣《全家福》

村民朱广华掐丝珐琅画《大富贵》

村民马家芬、宋竹芬制作的老虎枕头

村民白雪制作的月饼

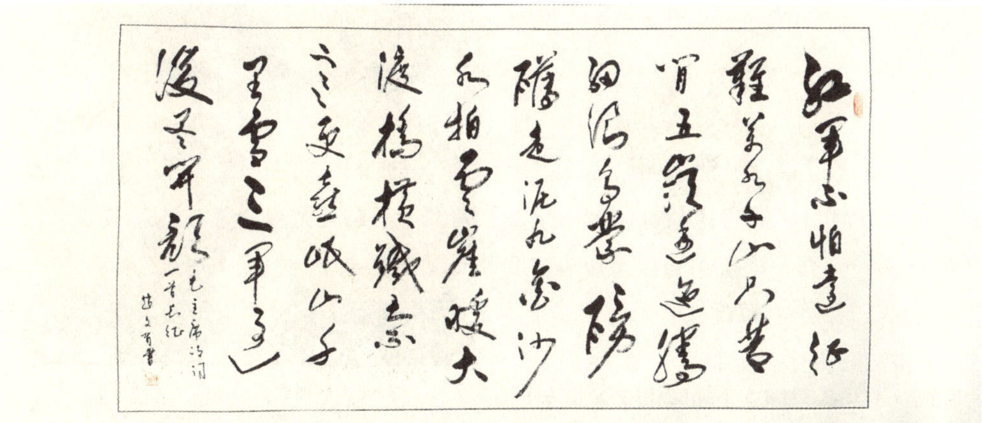

村民赵文有书法作品《长征》

村民许绍民收藏品《知足常乐》《毛主席像》（刘小磊摄于 2018 年）

猪鞋（村民朱德慧提供）

村民白雪刺绣作品《鲜花》（刘小磊摄于 2018 年）

村民王欣禄葫芦烫画作品《福寿》
（刘小磊摄于 2018 年）

曹庄子村参加各届文体比赛获奖奖杯（朱德慧摄于 2018 年）

2017 年 9 月获得天津市
2015—2017 年度“文明村镇”称号

2017 年 4 月获得西青区
“争创文明社区重点单位”称号

2013 年 9 月，曹庄子村党委书记王秀增（右三）参加中北镇精神文明创建活动表彰大会
（中北镇志办提供）

2017 年 4 月，村志座谈会合影（刘小磊摄）

从左往右依次

前排：李世汉、牛绪海、王宝年、王锡才、王世明、金振日、于尚志、王立江、王宗玉

后排：朱德慧、姜树林、于尚林、赵文有、王秀增、黄金岭、许绍民、姜世昌、李云才、宋桂强

2018 年 5 月，村建档修志领导小组合影（刘小磊摄）

从左往右依次

前排：姜树林、李云才、姜世昌、赵文有、许绍民

后排：宋桂强、王秀增、朱德慧

西青区村村建档修志工程领导小组
组长及成员单位

组　　长： 李　清（2020 年 7 月—　）
张　劲（2017 年 3 月至 2019 年 3 月）

副 组 长： 齐中波（2021 年 8 月—　）
惠　冰（2017 年 3 月至 2019 年 9 月）
杜全胜（2019 年 12 月—　）
高　艳（2017 年 3 月—　）

成员单位： 区档案局　区档案馆　区委督查室
区民政局　区农业农村委　区融媒体中心
西营门街　李七庄街　杨柳青镇
辛口镇　中北镇　张家窝镇
精武镇　大寺镇　王稳庄镇

西青区村村建档修志工程领导小组
办公室成员

主　　任： 孙国春（2017 年 3 月至 2018 年 2 月）
林小琳（2018 年 2 月至 2019 年 8 月）
杨鸣起（2019 年 8 月—　）
李　颍（2020 年 7 月至 2021 年 2 月）
许树松（2021 年 3 月—　）

副 主 任： 谷大丽（2017 年 3 月至 2018 年 9 月）
薛安鲁（2017 年 3 月至 2020 年 8 月）
边秀文（2018 年 9 月—　）
范秀敏（2020 年 8 月—　）

中北镇村村建档修志工程领导小组组长及成员单位

组　　长：李宏昌（2021 年 10 月—　）
　　　　　刘振河（2021 年 7 月至 2021 年 10 月）
　　　　　李德成（2017 年 4 月至 2018 年 1 月）
　　　　　林佐维（2018 年 1 月至 2021 年 7 月）

副 组 长：孙秀山（2021 年 10 月—　）
　　　　　王炳建（2021 年 7 月至 2021 年 10 月）
　　　　　李胜润（2017 年 4 月至 2019 年 7 月）
　　　　　于永梅（2017 年 4 月至 2021 年 7 月）
　　　　　梁子平（2019 年 7 月—　）
　　　　　尚　云（2021 年 7 月—　）

成员单位：党委办公室　政府办公室　档案室
　　　　　三资服务中心　农服中心　统计办
　　　　　三产办　民政办　广播站以及各村

领导小组下设办公室，办公室设在镇志办，办公室主任由庞庆燕担任

《曹庄子村志》审验组成员

组　长：李宏昌　刘振河　李德成　林佐维
林小琳　杨鸣起
副组长：孙秀山　王炳建　李胜润　于永梅
梁子平　尚　云　薛安鲁　范秀敏
成　员：张立民　张绍祖　张子荣　王富盛
谢连华　庞庆燕

《曹庄子村志》编修委员会

主　任：王秀增　马学震
副主任：宋桂强　李四君
成　员：李云才　姜树林　赵文有　姜世昌
许绍民　朱德慧

《曹庄子村志》编纂人员

主　　编： 李云才

副 主 编： 姜树林

编辑人员： 赵文有　姜世昌　许绍民　朱德慧

资料提供： 李云才　姜树林　赵文有　姜世昌　许绍民

照片提供： 王秀增　李四君　李淑起　程　龙　刘小磊　朱德慧

文字校对： 朱德慧

序一

村村建档修志工程卷帙浩繁，内容宏富。整个工程历时三载，经广大村志工作者辛勤编纂、精心琢磨，终于付梓出版。这是西青区社会主义精神文明建设的重要成果，体现了全区在文化工程建设、文化自信方面取得的重要成绩，在此，予以祝贺！

村志，是整个方志编写中的一个分支，明代即有了乡村志的雏形。历代政府多注重“官志”的编修，而作为乡土聚落的村志极少在正史典册中出现。自20世纪80年代始，村志的立身及地位逐步得到认同，随着经济社会的不断发展和城乡一体化进程的加快，部分省市的村志编修已在较大范围内开展。但作为一个地区，西青区将“村村建档修志”作为一项系统工程，举全区之力，用三年的时间，在全区162个村庄全面铺开推动，这在全市乃至全国尚属空前。

村村修志工程，是西青区深入贯彻落实习近平新时代中国特色社会主义思想和党的十九大精神的具体实施，是推进乡村振兴和文化强区战略的生动实践，也是全面推动全区档案事业和地方志事业科学发展的一项创新举措。村志编修系统记述了村落发展的变化和改革开放的进程，全面展现了西青区厚重的历史文化底蕴，是认识全区农村社会变革和经济发展的重要途径，为全区“乡村振兴战略”和新型小康村建设提供了历史智慧和现实借鉴。村村修志工程，契合了城市化进程中抢救村落文化，做好文化传承的当前态势；回应了随着经济社会不断发展，广大村民渴望诉说家乡情怀、展现村庄历史的文化需求。这一工程对于铭记历史，“记住乡音、留住乡愁”，激发民众爱乡情怀，必将带来重大而深远的影响。

纵观全志，资料广征博引，据事实录，彰盛事、志伟绩，寓成功得失，分是非曲直，系统反映了各村面貌，是一部部村落发展的百科全书。村志在编修体例上因地制宜、不拘一格，突出时代特点和村情特色；在编写机制上，重视本村人写本村志，同时提倡开门修志，博采众长，广泛吸纳社会专业力量，推动村志编修工作有效开展，创造出一批独具村味乡韵的精品文化成果。这不仅为后人留下了大量珍贵的史料，弥补了正史文献中对村庄记述之缺环，同时也为全区政治、经济和社会的发展提供了强大的精神动力和智力支持。

衷心地感谢方志出版社、天津市志办领导、村志工程各级组织者，各方专业人士以及广大的村志编纂者。“修志问道，以启未来”，区委区政府愿与全区人民以史为鉴、同心同德，与时俱进、开拓创新，用勤劳和智慧创造西青更加美好的未来。

中共天津市西青区委员会

天津市西青区人民政府

2019 年 3 月

序二

盛世修志是中华民族的优良传统之一，而村志编修是这一传统的延伸。《曹庄子村志》是曹庄子村建村以来第一部具有权威性的村级历史文献。它的出版弥补了曹庄子村有史以来无志书的空白，是曹庄子村文化工程的一件大事，可喜可贺！

曹庄子村地处天津市西部，紧邻外环线，历史悠久，人文底蕴深厚。在这块古老的土地上，勤劳、勇敢、智慧的曹庄子村人，用双手创造了属于自己的历史和文化。在走访、收集和整理资料以及编写《曹庄子村志》的过程中，我们思绪万千，心潮澎湃，从中强烈地感受着村庄沧桑的历史巨变。在600年漫长的历史长河中，曹庄子村的先辈们在这片热土上辛勤耕耘，繁衍生息，为后人建设家乡奠定了坚实的基础，积累了经验。新中国成立后，曹庄子村人以满腔热情积极投身社会主义建设当中，使村庄建设发生了翻天覆地的变化。特别是改革开放后，全村干部群众充分发挥得天独厚的区位优势和传统种植优势，发展经济，建设家乡，改变家乡，奏响了一曲新时代的华彩乐章。具有200年种植历史的晚香玉更使曹庄子村成为一张致富名片，在津沽大地上熠熠生辉，让一个传统村落变成一个环境优美、地缘优势明显的现代化新区一隅。

在传统村落逐渐远去的今天，《曹庄子村志》追寻传统村落足迹，梳理村落发展的脉络，以唤起人们的归属感和认同感，留住乡音、乡风、乡思、乡愁，同时挖掘了传统文化精华，丰富了历史智慧。通过记述传统村落、人口、经济发展、生活习俗、文化背景，体现环境与人相互影响、相互作用的关系，通过记述村民的文化生活变化，展示老百姓在长期的生产生活过程中探索形成的生活智慧，尤其是抓住村情、经济、村庄建设、社会保障、村民生活等关键内容，生动地诠释了乡村文化的精华，让家乡的一草一木在每个人的心中留下深深印迹。《曹庄子村志》完整地呈现了曹庄子村的前世今生，唤起了村民共同的文化记忆，留住乡村文化根脉，让天南地北的曹庄子村人难以割舍的乡愁得到慰藉和释放。

盛世修志，惠及桑梓。《曹庄子村志》既有浓厚的乡土气息，又突出反映了时代特征。它可称全村之百科，各业之全史，成为曹庄子村宝贵的精神财富。它将带着一方土脉的馨香问世，用之于今，传承于后，利在当代，造福于子孙后代。它的出版必将激发全村干部群众重新认识家乡、了解家乡、热爱家乡、建设家乡的满腔热情，续写曹庄子村社会主义新农村建设新辉煌。

在村志编写过程中，我们始终得到镇党委、镇政府，区志办，镇志办及档案人员的大力支持和帮助。在此，我谨代表村党委和村委会向给予《曹庄子村志》以关怀和帮助的人士、编修人员表示衷心的感谢！我们也相信，在镇党委、镇政府的领导下，在全村干部群众的共同努力下，曹庄子村的明天一定会越来越好，百姓生活也会越来越幸福安康！

中共天津市西青区中北镇曹庄子村委员会书记

王秀增

2018 年 12 月

凡　例

一、本村志以马克思列宁主义、毛泽东思想、邓小平理论、“三个代表”重要思想、科学发展观、习近平新时代中国特色社会主义思想为指导，坚持辩证唯物主义和历史唯物主义的立场、观点和方法，力求全面、客观记述村落发展现状。

二、本村志坚持实事求是的基本原则，秉笔直书、详今略古、详近略远、详独略同，体现出时代特点，突出地方特色。

三、村志记述地域范围为2018年现行行政区域，重点突出新中国成立后69年的史实，特别是党的十一届三中全会以后，曹庄子村经济、政治、文化、社会生活等多方面的发展变化。

四、记述上限追溯至事物发端，下限至2018年，部分照片沿用至2019年。

五、村志按事物性质分类，设立章、节、目，首立概述、大事记，后缀附录和编后记。

六、综合运用述、记、志、传、图、表、录等体裁，以志为主体。除引文外，采用现代语体文记述。

七、中华民国以前纪年均用历史纪年，括注公元纪年。中华民国成立后，采用公元纪年。志书中“××年代”，凡未加世纪者均指20世纪的年代。“解放前”“解放后”指1949年1月天津解放前后。“新中国成立前”“新中国成立后”指1949年10月1日中华人民共和国成立前后。

八、地名除必要时使用当时名称外，均用现行标准地名；行政机关名称，均用当时名称；本村地域泛称村内。

九、对频繁使用的名称，每章第一次出现用全称，括注简称，后均用简称。

十、志书中统计资料以统计部门的数据为准，统计部门未作统计的，采用曹庄子村提供的数据。数字用法、标点符号用法分别采用国家标准《出版物上数字用法》（GB/T 15835—2011）、《标点符号用法》（GB/T 15834—2011），计量单位采用国家技术监督局 1993 年 12 月发布的《量和单位》系列国家标准。考虑到社会使用习惯，“亩”不统一换算。

十一、志书中的资料来源于有关档案、志书、地情资料书籍及访谈记录等。涉事单位及当事人，限于篇幅，不一一注明出处。

目　录

概　述

一

曹庄子村位于天津市西青区东北部、中北镇政府现驻地北 2 千米处，东与大卞庄村毗邻，西与王庄村接壤，南靠南运河与汪庄村隔河相望，北至西青道津浦铁路、津保高铁，地处北纬 39° 08′ 20.88″，东经 117° 01′ 05″。村域略呈正方形，东西长 2.2 千米，南北宽 2 千米。

村域地理位置优越，交通便利，附近有万卉路、阜锦道、外环线、西青道、地铁 2 号线（曹庄站）。村距天津滨海国际机场 35 千米，距首都北京 130 千米，距天津市中心 6 千米。村紧邻永旺购物中心、宜家家居、地铁 2 号线等商业服务设施。

曹庄子村位于冲积平原地带，地质构造体系属新华夏构造体系，处于冀中坳陷的东部边缘，属暖温带季风型大陆半湿润气候，四季分明，年平均气温 11.6℃，年平均降水量 584.6 毫米。地势平缓低洼，平均海拔 2.5 米左右，属西青区低洼盐碱的地方。南运河流经整个村庄，为发展农业生产创造了条件。

2018 年，全村有 5315 人，姓氏 157 个，以汉族为主，还有回族、蒙古族、满族、朝鲜族、壮族少量人口。

二

明靖难之变时，杜、金、王三姓先到来此地（曹庄子摆渡口）定居。后山东大户曹广兴带领家人到此定居，经几户人家协商后取名“曹家庄”。明永乐二年（1404），又有宋、李、张、丁、赵等户逃荒至此定居，形成村落。

明永乐年间（1403—1424），村域属静海县稍直口里。

清顺治元年（1644）后属静海县管辖。

清雍正三年（1725），裁天津卫，设天津州。是年升为直隶州。雍正九年（1731），升天津直隶州为天津府，辖 1 个州 6 个县。村域属天津府天津县。

清乾隆元年（1736），天津县设杨柳青、西沽、葛沽 3 巡检。村域属天津府天津县杨柳青巡检管辖。

乾隆四年（1739），静海县将全县划分为 4 路 1 巡检，曹家庄（今曹庄子）被划入天津府静海县西路管辖。

清光绪二十四年（1898），时村庄分属天津县南乡、西乡。曹家庄（今曹庄子）属天津府天津县西乡管辖。

光绪三十年（1904），天津四乡巡警总局成立。曹家庄属天津府天津县西乡巡警西局管辖。

中华民国时期，曹家庄属天津县。

1913 年，北洋政府裁府留县，保留天津县、静海县建置。1925 年，天津县将全县划分为 8 个区。曹家庄属天津县第三区。

1928 年，改直隶省为河北省，时属河北省天津县。

1934 年，属于天津县，曹家庄编乡第三区。

1945 年，河北省在省与县之间设行政督查区，时属河北省第二行政督查区天津县。

1946 年，天津县调整区乡行政区划，曹家庄属天津县第三区管辖。

1948 年，国民党政府在乡村基层政权推行保甲制度。时境内分属天津县杨柳青镇、小稍直口乡、东北斜乡等 6 个乡。东北斜乡辖 4 保。曹家庄属天津县东北斜乡第一保。

1949 年 1 月 15 日，村域属天津县第六区。

1950 年，村域属河北省天津县第五区管辖。

1951 年，村域属天津县第五区管辖。

1952 年 4 月 5 日，天津县划入天津市，村域属天津市天津县管辖。

1953 年 5 月 15 日，天津县行政建置撤销，原辖区成立津东、津南、津西、津北 4 个郊区，设大稍直口、李楼、王顶堤等 6 个乡，村域属天津市津西郊区大稍直口乡管辖。

1953 年，津西郊区调整区划，设 29 个乡。乡域内划分为曹庄子乡、大稍直口乡、东姜井乡、中北斜乡、李楼乡、大梁庄乡等 6 个乡。村域属天津市津西郊区曹庄子乡管辖。

1955年5月17日，津西郊区改称天津市西郊区，村域属天津市西郊区曹庄子乡管辖。

1958年2月11日，天津市由直辖市改为河北省辖市，村域属河北省天津市西郊区曹庄子乡管辖。

1958年4月，东姜井乡、大稍直口乡、曹庄子乡合并为大稍直口乡，村域属河北省天津市西郊区大稍直口乡管辖。

1958年8月23日，西郊区撤乡成立红旗、东风2个人民公社。红旗人民公社分为大稍直口、中北斜、李楼3个管理区。曹庄子村划入红旗人民公社大稍直口管理区。

1958年9月25日，天津市根据河北省调整行政区划的安排，将8个市区调整为6个，撤销郊区。西郊区并入南开区，村域属河北省天津市南开区红旗人民公社管辖。1959年5月4日，红旗人民公社改称津西人民公社。

1961年5月，南开区津西人民公社为西营门、中北斜人民公社。曹庄子生产大队划归中北斜人民公社，村域属河北省天津市南开区中北斜人民公社管辖。

1962年2月，天津市恢复郊区行政建置，重新成立西郊区，村域属河北省天津市西郊区中北斜人民公社管辖。

1963年1月11日，西郊区将境内的8个公社调整为28个公社。中北斜公社划分为大稍直口公社、中北斜公社和李楼3个公社，村域归属河北省天津市西郊区大稍直口公社管辖。

1966年10月10日，西郊区内的公社均改变名称。大稍直口公社改为“九一九”公社。村域归属河北省天津市西郊区“九一九”公社管辖。

1967年1月2日，天津市由省辖市改为直辖市，村域属天津市西郊区“九一九”人民公社管辖。

1983年6月，“九一九”人民公社改为“九一九”乡，村域属天津市西郊区“九一九”乡管辖。

1984年7月12日，“九一九”乡更名为中北斜乡，村域属天津市西郊区中北斜乡管辖。

1992年3月，西郊区改称西青区，村域属天津市西青区中北斜乡管辖。

1997年3月10日，天津市民政局批复撤乡建镇。撤销中北斜乡，设立中北镇。曹庄子村属天津市西青区中北镇管辖至2018年。

三

（一）农业特色

曹庄子村地处海河水系下梢，地面高程 2.5 米左右。全村耕地大部分分布在洼淀里，且土质盐碱。新中国成立前，这里“春天白花花，秋天水汪汪”，“旱了收蚂蚱，涝了收蛤蟆”。不少村民们以挑炭维持生活，贫雇农以打短工、扛长活来养家糊口，也有为村中大户看坟地谋生，少数村民以做泥娃娃为生，也有少数村民以腌制酱菜谋生，生活十分困难。新中国成立后，特别是农业合作化以后的农民，依靠组织起来的力量，大兴农田水利基本建设，掀起了建设家乡、改造家乡的滚滚热潮，农业生产逐步得到改观。1955 年冬到 1956 年春，全村开始平整土地，开挖大小沟渠 100 余条，做到了旱能浇、涝能排，使十年九涝的“蛤蟆洼”变成稳产高产田，水稻亩产 350 公斤以上。尤其是 1994 年成立的曹庄子农场亩产最高时达 450 公斤。1997 年 8 月，西青区政府水稻现场会在曹庄子农场召开，推广曹庄子农场经验，并命名“稻田生产样板田”“千亩水稻种子田”。

党的十一届三中全会以后，随着家庭联产承包责任制的全面落实，生产关系得到改变，农业生产力得到解放和发展。保护地种植发展迅速，蔬菜种植品种向着多样化、精细化方向发展。传统花卉种植经营成为曹庄子村一张亮丽的名片。

蔬菜种植　曹庄子村蔬菜种植历史悠久。改革开放前，以大白菜、菠菜、茄子、辣椒、菜豆角等品种为主。为解决蔬菜生产中“旺季多、淡季少、大路货多、鲜奇货少”的问题，大力发展温室、大棚等保护地生产，积极引进蔬菜种植新品种，精细菜和反季节生产的蔬菜产量大幅度提高。1995 年，全村地膜覆盖达到 756 亩，蔬菜上市量达到 700 余万公斤，曹庄子村温室芹菜在当时享有盛名。

花卉种植　曹庄子村花卉种植历史悠久。明代，明成祖朱棣远征蒙古国，始有随军移民安居并逐渐形成村落。由于村庄多依南运河而建，土地肥沃，适宜种植水稻、蔬菜和花卉。清朝中期，曹庄子村广植晚香玉、菊花、霸王鞭等花卉，迄今已有 200 多年的历史。

民国时期，曹庄子村花卉种植面积约有100亩，主要销往天津市区。马姓村民有一只“花船”，专门载送该村的花农经南运河到大觉庵花市销售。该村种植的晚香玉曾源源不断地供应天津租界。至此，曹庄子村的花卉已远近闻名。除种植晚香玉外，菊花、霸王鞭、玉贞、牡丹、石榴也是曹庄子村花卉特色种植品种。农业合作化时期，花卉种植面积不断扩大，曹庄子村所在的满天红高级社成立花区，专业从事花卉生产。1958年，曹庄子村建立第一个花窖，种植品种不仅局限于当地传统花卉，还从广东、山东、福建等地引进朱槿牡丹、红叶桂花、白兰、九里香、竹叶海棠等，品种不断增多。霸王鞭、晚香玉、菊花在花卉大家庭中占据主导地位。

改革开放以来，随着人民生活水平的提高，花卉需求量增大，曹庄子村农民种花积极性大增。花卉生产得到前所未有的发展。1995年，在中北镇35个花场中，曹庄子村有31个。曹庄子村全村1700户，90%以上的村民都种植花卉，全村种植面积达到1398亩，花卉收入达1532万元，占全镇花卉生产收入的42.5%。2005年，全村田园种植面积1398亩，其中暖窖349亩、大棚769亩，全部种植花卉，花卉品种达200多种，全年花卉收入2600多万元。进入21世纪以来，随着土地开发和利用，村内耕地减少，村民逐渐由种植花卉向经营转变。

（二）村办工商业兴起与壮大

曹庄子村工副业起源于1962年，早期只有小工业编织品，人民公社时期各生产队抽调部分剩余劳动力到大型企业从事副业（劳务工），提倡以副养农，也为以后村办的发展打下坚实基础。

1969年，曹庄子村建立了第一个村办企业津西曹庄铸造厂，随后投资兴建永茂拔丝厂，兴强、恒通两家酱菜厂，汽车配件厂，电视机零件厂和大华制灯厂等17家村办企业。1979年春，全村集资兴建联办企业天津色织十五厂，为村青年提供就业岗位400余个。1992年，该村与日本丰田株式会社合资兴建丰田钢材加工有限公司，村占企业30%股份。1995年，全村总产值5590万元，利润280万元。这些企业的发展成为曹庄子村的主要经济增长点。进入21世纪，曹庄子村逐渐调整产业结构，村集体经济发展方向逐渐向第三产业转移，逐渐形成以商贸、物流、服务和租赁为主导的第三产业布局。从2003年起，村中先后建设恒通达物流、安驰物流、华阳科技、星光橡塑等厂房、楼宇进行出租。2010年9月1日，中北生活服务区移交给曹庄子村集体经营。2018年，全村集体营业总收入4500余万元，成为村集体经济的主要增长点。

四

自明永乐时期建村以来，曹庄子村房屋建设依南运河湾走势而建，民宅散居，随意性强。新中国成立前至20世纪60年代，村庄建设变化不大，全村住房多为土坯房。70年代后至90年代中期，曹庄子村村庄建设有了长足进步，呈现出十个居住片区的新农村布局。“晴天一身土，雨天两脚泥”的陈旧现象得到改观。村庄道路和胡同清洁整齐，村庄主干道全部实现硬化，家家户户住上了红砖瓦房，室内室外装修越来越讲究。

2008年秋，曹庄子村按照生态宜居理念，结合天津市示范镇建设整体规划，高标准实施平房改造工程，在村北规划了占地450余亩的住宅新区。经过三年建设，2011年12月25日，村民迁进曹庄欣苑新住宅小区。小区建筑面积30万平方米，楼宇37栋，有8种房型。小区分为春兰、夏荷、秋菊、冬梅和翠竹5个园区，种有国槐、银杏、红果、小叶黄杨、竹子等花草树木。每年春季，曹庄新苑小区就像是一座大花园，花香四溢，沁人心脾，让人流连忘返。小区中心广场是人们休闲、健身、娱乐的乐园。

村民还迁后，曹庄子村党总支、村委会和小区物业办公地点全部设置在党群服务中心内，建立党组织、村委会、物业“三位一体”的办公组织机构，铺平铺好服务群众的“最后一步路”。配备党员学校、文化活动室、志愿服务活动站、村民学校、家长学校、儿童快乐营地、道德讲堂、农家书屋、警务室、光大银行为民服务站。小区内及周边配套有中心广场、健身公园、地下菜市场、地下停车场、足球场、篮球场、文体活动室、欣苑早点部、大众浴池、民俗服务中心，极大地满足了村民的日常生活需求。

五

随着改革开放的深入，农村经济不断发展，集体资产逐年壮大，村民生活水平大幅度提高。1979年，村人均收入230元，1995年增加到3300元，增长了13.35倍。到2018年，全村年人均收入3万余元，比1979年增长近130倍。

曹庄子村1984年实行农民退休制度，男性满65岁每月可领取退休金20元，女性满55岁每月可领取退休金15元；以后逐年调整增长延续至今。2006年，村委会投资3900万元为1950人上缴社会统筹保险，为每人代缴2万元；2015年，为1977—1987年龄段一次性交10年的养老保险，为全村647名村民每人替缴65000余元；2016年，为退休未享受城乡居民退休金的547名老人缴城乡居民养老保险，每人替缴83169元，约4550万元。到2018年，70周岁以上的村民每人每月可领取1900元，村民最低生活标准1450元。

20世纪70年代以后，村内成立红医站，农民社员看病不花一分钱，后来由于药品浪费现象严重，后进行合理收费。2005年以后，全村落实新型农村合作医疗，每人每年缴费30元，全部由村委会上缴。2005—2010年，村集体共为村民代缴医疗保险1038325万元。2010年4月，新型农村合作医疗改称城乡居民医疗保险。截至2018年底，村委会共为适龄村民上缴城乡居民医疗保险费2680115万元。村民享受医保待遇。同时，村委会制定二次医疗报销政策，规定在市、区、镇报销的基础上再报销20%的医药费用。村民医疗社会保障制度愈加完善，有效杜绝村民因病致贫、因病返贫现象的发生。

曹庄子村办学历史悠久。1917年，天津商界爱国人士宋则久，在曹庄子村创办了“宋氏私立第一国民小学”，同时为成人开办了夜校。新中国成立后，曹庄子村将西头庙（观音庙）拆除，改建成曹庄小学。1986年，曹庄子村在村北投资建成建筑面积2000平方米的曹庄小学教学楼。曹庄子村幼儿教育最早从1958年公社化时期就成立托儿所、幼儿园。1984年，村委会投资兴建占地7000平方米，建筑面积600余平方米的大型幼儿园，设立8个班，有幼儿教师10人。截至2008年，曹庄子村实施平房改造，幼儿园停办。2011 年村民还迁后，小区内有红黄蓝幼儿园和中北镇第二小学，全部由上级教育部门负责管理。

新中国成立前，曹庄子村村民生活困难。新中国成立后，人民当家做了主人，日子日渐向好。尤其是改革开放以后，实行家庭联产承包责任制，充分调动村民生产积极性，收入水平大幅提高。进入 21 世纪，村民物质生活富足。村集体收入的红利也愈来愈多地惠及到每个村民。村民幸福指数不断提升，消费水平及方式发生了历史性转变，精神文化生活消费比例不断提高，生活方式逐渐与大都市相融合。

六

民间文化活动彰显着一个村的文化底蕴。明万历年间，法鼓传入曹庄子村，取名曹庄子同乐遗雅老会，多年来培养出一批又一批会员，传承着法鼓技艺。法鼓被列为“西青区第二批非物质文化遗产”，成为曹庄子村特有的文化品牌。

曹庄子村同利文武高跷至今已有 100 多年历史。新中国成立后，逢年过节或有重大庆祝活动时，高跷会都会组织演出。改革开放以来，同利文武高跷、舞狮在继承中创新发展。高跷队和舞狮队也曾多次在市、区、镇比赛中获奖，并获“西青区百支群文团体”的称号。群众体育活动更加活跃。最早于 1955 年就组建了曹庄子篮球队、1984 年组建了足球队、2012 年组建了乒乓球队。在历届区、镇农民运动会上，均取得过优异成绩。曹庄小学棒球队组建后，参加过全国联赛、国际邀请赛、世界锦标赛，数次获全国、世界冠军，为天津市和国家队培养出 10 余名优秀棒球运动员。

随着家庭可支配收入的增加，村民衣食住行条件显著改善，居民生活消费水平呈现快速增长趋势。物质生活的丰富使人们渴望提高积极健康的生活品位，跳广场舞成为日常，旅游观光成为经常，听戏及民间收藏成为人们业余生活的乐趣，习字作画、钩织刺绣者日渐增多。人们更加关注健康，各种健身活动在中老年人群中迅速普及。

七

曹庄子建村至今已有600多年的历史，虽然没有出过显赫的人物，但曹庄子村人以勤劳勇敢、邻里和谐为传统。在农业战线上涌现出许多种植能手、养花巧匠，在村办企业、工商教育科技等工作岗位上，不乏辛勤奉献、默默耕耘的劳动者。他们当中有参加过抗日战争、解放战争和抗美援朝的复员军人，有教书育人的教育工作者，有救死扶伤的医务工作者，有科技兴农的技术人员，更有带领村民致富的引路人。他们的业绩将永远载入曹庄子村的史册。

2018年12月18日，曹庄子村党员、村民代表和其他村民聆听了习近平总书记在庆祝改革开放40周年大会上的讲话，讲话激励着全体村民进行全面深化改革，走共同富裕的中国特色社会主义道路。回顾过去的岁月和成绩，曹庄子村人在党和政府的领导下，取得了新农村建设中的巨大成就，村经济不断发展壮大，村民享受着经济发展带来的红利，待遇逐年增加，生活水平似芝麻开花节节高。

展望美好的明天，曹庄子村人将继续秉持“不忘初心、牢记使命”，奋发向上的精神，齐心合力、砥砺前行，坚定走中国特色社会主义乡村振兴道路、绿色发展之路，把持续壮大集体经济，提高群众生活质量作为努力方向。我们相信，经过一代又一代曹庄子村人的不懈努力，一个更加富强、民主、文明、和谐的曹庄子村定会在津沽大地上再展新姿，再铸辉煌！

大事记

明

永乐年间（1403—1424）

村内形成村落，属于靖海（静海）县。

清

雍正九年（1731）

二月，由静海县改属天津府天津县。

乾隆元年（1736）

曹家庄王氏家族开始种植晚香玉。

光绪二十六年（1900）

义和团农民起义军在曹家庄设立坛口。

中华民国

1912 年

天津陈姓在曹家庄西（解放台）置地 35 亩建立一座庄园用于避暑，称陈家公馆，后成村。至 1949 年 1 月天津解放时，改名解放台，隶属曹庄子村。

1917年

9月21日，子牙河南岸决堤，大水进入卫南洼。

是年，天津商界爱国人士宋则久在曹家庄开办宋氏私立第一国民小学。学校有教师2人，学生40余人，其中女学生3人。并为成年人开办了夜校。后由于村民迫于生计，未能坚持。

1924年

7月23日，子牙河决堤，村北洼被淹，庄稼颗粒无收，村民种植的晚香玉被水泡后绝种。

1925年

4月，洪水泄去后，晚香玉种植户到北京丰台购买晚香玉疙瘩，购回后继续种植。

1928年

7月，西北军方振武派部下3人到曹家庄发展国民党员7人，组成国民党区分部。

1932年

8月，天津国民政府在北站体育场举行各自门派武术比赛，曹家庄属第24武术馆，派出林二爷、邢国严、邢国森、郭立志4人参加，总成绩获得团体二等奖，奖励80元现大洋。

1937年

9月2日，子牙河堤再次决堤，村北洼土地被淹。

1939年

8月8日，因上游连降大暴雨，南运河水位猛涨，侵华日军将马庄南运河堤炸开，洪水淹没周边农田后进入天津城区内。是年，曹家庄秋作物颗粒无收。

1945年

10月，曹家庄及周边地区属中国共产党冀中区委员会天津县第六区。一批县、区委干部进入六区开展工作，秘密发展共产党员，建立共产党地下组织。他们阻断交通，开展减租减息、斗争地主等工作。

1948年

12月20日，中国人民解放军东北野战军第八纵队24师70团解放杨柳青、王庄、大梁庄等村庄。曹家庄仍为敌占区。

国民党天津县政府在曹家庄成立“国防部第一大队第二分队第二组”，每日在运河两岸检查去解放区的物资，并借机勒索群众的财物。

12 月，国民党军队试图火烧曹家庄，被王庄武工队阻止，国民党军队未能得逞。

1949 年

1 月 15 日，天津战役总攻开始，人民解放军从东、西、南、北发起地面攻击，其中 1 纵、2 纵从西面向市内冲击。曹家庄数十户人家把自家的大门板卸下来支援前线，郭德祥、于维和等 10 余名热血青年为解放军带路。

1 月，天津战役后，解放军部队与曹家庄村干部联系将战斗中牺牲的 99 具烈士遗体安葬于曹家庄村西。

2 月，曹家庄改称曹庄子村。

3 月 15 日，中共天津县委作出《关于四十天农村工作的决定》，同时，派工作队进村帮助土改工作。曹庄子村成立农会。

5 月 7 日，高金章、郭德祥、卢金标、王世仁等 5 人加入中国共产党。

6 月，高金章任曹庄子村党支部书记，张作文任曹庄子村公所村长。

中华人民共和国时期

1950 年

10 月，马维坛任曹庄子村公所村长。

曹庄子村开展群众扫盲运动。

12 月，曹庄子村 55 户农民自愿结合成立互助合作组织——“稻田委员会”。

1951 年

3 月 3 日和 4 月 20 日，按照天津县委统一行动时间，分别抓捕一批反革命分子，并分两次在五区曹庄子村和马庄村召开公判大会，一批反革命分子被处决。

10 月 29 日至 11 月 2 日，曹庄子村村干部参加天津县委在灰堆村召开的县、区、村三级干部土改动员大会，学习贯彻《中华人民共和国土地改革法》《关于划分农村阶级成分的决定》等文件。

11月3日，天津县委抽调干部到曹庄子村进行土改工作，作为天津县土改工作试点。工作队由10余人组成，由天津县五区工委书记郭法科带队。驻村后，工作队首先成立农会，向群众及农会会员宣传土改政策，对公民划阶级、定成分，把15户地主、富农的部分土地、房屋、农具、牲畜分给贫农、雇农。土改试点工作到11月15日完成，赵俊杰任农会主席。

1952年

2月，卢金标任曹庄子村党支部书记，郭德祥任曹庄子村公所村长。

是年，曹庄子“稻田委员会”改称天津县第五区曹家庄农业生产合作社，成为村内第一个初级社。制定的《天津县第五区曹家庄农业生产合作社简章》在天津县推广，为天津县的初级社建立提供了宝贵经验。

1953年

6月6日，曹庄子村划归曹庄子乡，下辖曹庄子、大卞庄。

是年，苏联参观团19人到曹庄子参观土改成果，并赠送部分照片。

1954年

7月，朝鲜代表团20余人到曹庄子村参观学习，并在曹庄子村举行歌舞晚会。

是年，曹庄子村成立15个互助组，共81户。村有园田243.3亩，旱田894亩。谷秀珍任曹庄子乡妇联主任。

1955年

1月，土改补课开始，高金章社、进步社、曙光一社至九社成立。

5月，北京天文台在曹庄子村西建天津纬度站，占地34亩。

7月12日，曹庄子乡12个农业合作社实行劳动包工制。

是年，东西上水河（村北大闸）开挖。

1956年

1月，满天红高级社农业联合社（曹庄子、大卞庄）成立。全社劳动力大兴农田基本建设，经过4个多月的昼夜奋战，共开挖大小沟渠100余条，于当年插秧获得水稻丰收。

3月，天津邮电管理局在村北建发信台，通称“邮电局”。

7月，曹庄子村成立花区，建起第一个花窖。

8 月，全村开始架设电线杆，往户里拉电线安电灯，到农历腊月二十八（1957 年 1 月 20 日）全村通电，村民们灯火通明过大年。

12 月，西郊区广播站成立，为曹庄子村每条胡同安装小喇叭，每日收听新闻节目。

1957 年

3 月，天津人民广播电台 10 余人到曹庄子村劳动锻炼。他们进村后看到村民们长期饮用浑浊的运河水，立即在村东头河边建起自来水净化池，在大街中央下设自来水管道，安装自来水接水点，浑浊的运河水经过净化后供村民们饮用。

10 月，天津广播电视台帮助曹庄子村建立广播站。

1958 年

4 月，曹庄子乡合并为大稍直口乡，曹卞庄党政分家。王文香任曹庄子大队党支部书记，卢金标任曹庄子大队大队长。

8 月，人民公社成立后，曹庄子村划入津西人民公社大稍直口管理区。各生产队建立食堂，统一吃大锅饭。

1959 年

9 月 19 日，毛泽东主席视察“蛤蟆洼”稻田。

11 月，曹庄子村和舟桥部队共建曹庄子大桥，命名为“津西一号桥”。

12 月，蛤蟆洼南北排水河开挖，全长 1900 余米。曹庄子生产大队蔬菜场开发。

1960 年

3 月，曹庄子蔬菜场开始种植各种菜品。

5 月，曹庄子扬水场建立。

12 月，卢金标任曹庄子生产大队党支部书记。

1961 年

1 月，曹庄子蔬菜厂停种改为稻田，面积 3400 亩。

3 月，赵佩元任曹庄子生产大队大队长。

5 月，实行“队为基础，三级所有”的管理体制，撤销公社管理区，每个村为一个生产大队，下设生产队，独立核算，自负盈亏。

8 月，实行“三自一包”，社员分到自留地。

是年，曹庄子生产大队划归中北斜人民公社。

1962 年

2 月，曹庄子生产大队由南开区划归西郊区。

6 月，取消生产队食堂和供给制。

1963 年

1 月 11 日，曹庄子生产大队划归大稍直口公社。

8 月，河北、山西等地连降大暴雨，独流减河洪水猛涨，曹庄子生产大队派出大批青壮劳动力修筑加固减河北大堤，确保天津市区不被洪水淹没。曹庄子生产大队安置静海县灾民。

1964 年

2 月，曹庄子生产大队开展“农业学大寨”运动。

4 月，疏通蛤蟆洼曹庄子扬水站的总排干渠、北排干渠。

1965 年

9 月，“四清”（细线条）工作队进驻曹庄子村，“四清”运动开始，村干部人人过关。“上楼”（反省），“洗手、洗澡”（自我检查），然后再“下楼”（解放），至 1966 年 10 月结束。

1966 年

3 月，南运河水干枯，曹庄子生产大队在村西道北打一口机井，并建水楼子，村内设有积水点供群众饮用。

10 月 10 日，大稍直口人民公社改为“九一九”人民公社，曹庄子大队归“九一九”人民公社。

是年，牛绪海任曹庄子生产大队党支部书记。

1967 年

1 月，曹庄子村农业生产陷入瘫痪状态。

6 月，贫下中农开始管理学校，曹庄子生产大队派贫下中农代表参与学校管理工作。

1968 年

3 月，曹庄子生产大队投资兴建 1000 余平方米的大礼堂。

是月，牛绪海任曹庄子大队革委会主任。

12 月，经曹庄子生产大队研究决定，撤销原 21 个生产队，成立 4 个中队，每个中队设 3 个生产小组（相当于生产队）。

1969年

5月，曹庄子生产大队购进第一台手扶拖拉机。

8月29日下午5时左右，西北部天气突然一片漆黑。产生于河北省霸县褚河巷一带的龙卷风，傍晚时分从曹庄子村界过境刮向市区，全村未受损失。

10月，曹庄子生产大队安置下乡知识青年138人，接受贫下中农再教育。

是年，曹庄子生产大队成立铸件厂、机床组。

1970年

9月，开展"农业学大寨"运动，曹庄子生产大队派农业技术人员去大寨参观学习。

是年，天津市农委派"农业学大寨"工作队进村，帮助农村开展工作。

是年，曹庄子生产大队安置插队落户人员63户，256人。

1971年

3月，蛤蟆洼实行稻改旱。

4月，重新修建曹庄大桥，由木桥改为水泥井柱大桥，由曹庄子生产大队出资建造。

是年，曹庄子生产大队决定撤销4个中队，重新成立生产队，从东至西成立12个生产小队，各生产队独立核算。

1972年

5月，曹庄子生产大队重新种植水稻。

7月，根据上级指示，曹庄子生产大队实行丧葬火化制度。

1973年

是年，曹庄子生产大队进行大规模农田基本建设，清淤各条沟渠。

1975年

5月，曹庄子生产大队投资建设知识青年小二楼，面积320平方米。

1976年

7月28日，河北省唐山市发生7.8级地震，波及曹庄子生产大队，部分土坯房倒塌，全村搬进防震棚居住。曹庄子生产大队部被震坏搬到知青楼办公，知青返城后，知青楼改为村委会办公楼。

9月9日，毛泽东主席逝世，曹庄子生产大队在办公楼二楼摆设灵堂，全村人排队吊唁。

1977年

4月，曹庄子生产大队派300余人参加鸭淀水库建设。

1979年

1月，根据中共中央1979年1月《关于地主、富农分子摘帽问题和地、富子女成分问题的决定》精神，曹庄子生产大队将全村地主、富农分子摘掉帽子，其子女按社员对待。

2月，曹庄子生产大队与天津市色织公司色织十厂联合建厂签订协议书，新厂名为天津市色织十五厂。

3月，色织十五厂动工修建。

4月，九一九打井队为色织十五厂打深水井1口，深度为183米。

1980年

4月，朱振饶任天津市色织十五厂厂长。李森海任天津市色织十五厂党支部书记。

6月，曹庄子生产大队、色织十五厂与天津市自来水公司达成协议，曹庄子生产大队引进市内自来水入户，村民们从此喝上干净卫生的自来水。

11月16日，天津市色织十五厂正式开工生产，曹庄子村首次织出色织布、牛仔布，并销往全国内地及香港地区。

1983年

1月，程民忠任曹庄子村村民委员会主任。

4月，曹庄子村投资80万元兴建群众乐园，占地5600平方米，建筑面积547平方米，后改为曹庄幼儿园。

是年，人民公社、生产大队、生产队解体，全村实行家庭联产承包责任制，按照男劳力0.7亩、女劳力0.5亩分配耕种土地，村民自行种植、收获、销售。

1984年

2月，曹庄子村实行农民退休制度，按照男65岁及以上每人每月20元，女55岁及以上每人每月15元领取生活补贴。

4月，张绍森任曹庄子村党支部书记。

1985 年

1 月，赵文有任曹庄子村村委会主任。

5 月，曹庄子村委会在村北大麦地兴建曹庄小学教学楼。

6 月，曹庄子村高跷队恢复成立，并购置各种乐器和演出服装，经常参加镇、区演出活动。

1986 年

天津市外环线工程开工建设，曹庄子村村民进行捐款。

1987 年

4 月，姜世昌任曹庄子村村委会主任。

6 月，全村统一安装闭路电视，极大地丰富了广大村民的文化娱乐生活。

1988 年

4 月，程月生任曹庄子村村委会主任。

4 月，天津市人大常委会主任吴振到曹庄子村视察工作。

1989 年

6 月，天津市色织十五厂织出花格布被评为天津市优质产品。

10 月，曹庄子村第二次调整土地，凡在企业上班的村民一律不分土地，每人分 0.03 亩吃菜田。

10 月，曹庄子村主要街道安装 1.5 米直径下水道，各条胡同安装 0.3 米直径下水道，确保下大雨时能及时排出积水。

10 月，全村各主要街道修成柏油路。

10 月，村委会投资 13 万元扩建老年俱乐部，面积 360 平方米。

1990 年

5 月，中北斜乡投资 12 万元在曹庄子村东（现天津热带植物观光园）建成曹庄子蔬菜批发市场。

7 月，全村大街、胡同起了新名，并安装标志。

10 月 18 日，李云才任曹庄子村村委会主任。

1991 年

6 月，天津市色织十五厂色织布、牛仔布被评为纺织工业部优质产品。

10 月，曹庄子村被评为天津市绿化先进单位。

1992 年

10 月，曹庄子村获全国“老有所为”先进集体创新奖。

11 月，曹庄子村村委会与日本丰田株式会社合资创建天津丰田钢材加工有限公司。曹庄子村占 30%股份，日本丰田占 70%股份，公司有职工 120 余人。

1993 年

7 月 3 日，牛吉庆任曹庄子村党支部书记。

8 月，曹庄子小学棒球队获第五届国际少儿棒球邀请赛亚军。

10 月，天津电视台在曹庄子村首拍电视剧《天生女人爱做梦》，数十名村民出演群众角色。

1994 年

7 月，曹庄子小学棒球队获全国少年儿童棒球锦标赛第四名。

1995 年

7 月，曹庄子小学棒球队获全国少儿锦标赛亚军。

10 月，曹庄子村被评为天津市明星小康村。

12 月，曹庄子村全年蔬菜上市量 678 万公斤，水稻 80 万公斤。

1996 年

7 月，曹庄子小学棒球队获全国少年儿童锦标赛冠军。曹庄子小学队员白宝亮被选拔到天津市棒球队，赵学林入选广东省棒球队。王学龙、卢纪全被送到天津体育学院深造。

1997 年

3 月 10 日，中北斜乡撤乡建镇，定名中北镇。

5 月，曹庄子小学棒球队队员马学磊入选国家少年队并参加国家队集训。

7 月，在第十五届国际少年棒球锦标赛中国家队获冠军。马学磊获“最佳运动员”奖。

8 月，西青区人民政府水稻现场会在曹庄子村农场召开。

1998 年

2 月，曹庄子村村办企业实行体制改革，将恒通酱菜厂、天马汽车配件厂、永强模具厂和华益纸箱厂承租给个人。其他企业相继停产，信誉剪板厂归村管理。

1999年

6月10日，以色列花卉专家西蒙马亚克，到曹庄子村考察花卉生长情况和土地状况，提出建议和合作意向。

2000年

4月，中北镇政府在曹庄子村北（中沟）建中北工业园，占地约2000亩，修阜盛道。

2001年

2月，中北镇在曹庄子村召开“三个代表”重要思想学习教育动员大会，曹庄子村为学习教育活动试点村。

11月9日，中央军委副主席、国防部部长迟浩田到曹庄子花卉市场视察工作。

2002年

6月，庞庆山任曹庄子村党总支代理书记。

8月28日，王秀增任曹庄子村党总支书记。

12月，村委会投资在阜盛道南、金霞路西兴建安驰物流园，3个大厂房，1个商业酒店，总建筑面积3000平方米，均已出租。

2003年

1月，曹庄子村村民向甘肃贫困地区捐赠6000余件衣服及被褥。

4月23日，曹庄子村全体党员、干部群众积极做好预防和控制“非典”蔓延工作，曹庄子村村民无人感染。

6月，王秀增任曹庄子村村委会主任。

8月，曹庄子村村委会投资6660万元，兴建占地10.78万余平方米，建筑面积5.45万余平方米的恒通达物流园，年租金700万元。

2004年

5月，曹庄子村投资6300万元兴建占地8.67万余平方米、建筑面积3.41万余平方米的天津交通职业学院。

2005年

1月，按照上级指示，曹庄子村实行新型农村合作医疗制度，每人每年需缴费30元，村委会决定由村委会集体垫付，此制度延续到2018年。

2006年

10月，曹庄子村村委会出资3900万元，为全村1960人上缴社会统筹养老保险，其中个人缴纳4500元，村委会缴纳20000元。

2007年

1月，为村内722人上缴意外伤害保险21660元，每人30元。

2008年

5月12日，四川省汶川县发生特大地震。一天时间，曹庄子村共产党员、干部群众捐款93万余元，村委会捐款10万元，总计100余万元。

10月，为尽快实施曹庄子村旧村改造工程，根据天津市总体建设规划及区、镇绘制关于打造运河经济带的详细规划，曹庄子村全体党员在村民代表大会上进行了充分的酝酿和讨论。

11月18日，开始签订拆迁、还迁协议书，发放租房费每户每月1000元，拆迁房屋每间2000元。截至12月31日，有1597户办理手续，完成率为89.47%，征用土的1121.078亩。

2009年

4月，全村共拆除平房6660间，拆合253080平方米，平房拆迁完成100%。

4月30日，曹庄子村还迁楼房选址奠基。中北镇党委、政府负责人参加奠基仪式。曹庄子村两委班子成员，老干部、老党员及群众代表1000余人参加。天津市河北梆子演员陈春、相声演员魏文亮等文艺界人士前来助演。

5月，各路施工队伍陆续进驻工地，取土打桩开始施工建设。

2010年

全年还迁楼工程建设中，村两委班子和工程技术人员昼夜检查施工进度和工程质量。

12月，37标还迁楼全部封顶，二次砌筑完成，电梯运至现场。

2011年

11月30日，经过30个月的施工，曹庄子村还迁楼竣工。

12月25日，曹庄子还迁楼房开始抓阄分房，村民拿到新居房的钥匙。

2012年

1月，已有200余户村民搬入楼房过年。春节后，广大村民们开始装修，陆续搬进楼房居住。

3 月，新建住宅小区开始修路、彩砖墁地，栽种各种树木、草坪。

2013 年

4 月，曹庄子村村委会投资 1.2 亿元兴建天津星光橡塑有限公司厂房及办公楼。

5 月，曹庄子村村委会投资兴建曹庄欣苑 14000 余平方米五号公建。

2014 年

5 月，位处曹庄欣苑北门规划路北侧，五号公建主体完工。

2015 年

10月，村委会为1977—1987年出生的村民一次性缴纳10年养老保险，共647人，共缴费 2420 余万元。

2016 年

2 月，天津农村广播和区县联盟广播采访实践基地在曹庄子村举办揭牌仪式。

12 月，村委会为 547 名退休老人缴纳城乡居民养老保险，每人 83169 元，约 4550 万元。

2017 年

4 月，按照市、区、镇领导的部署，曹庄子村成立建档修志领导小组，邀请多位经验丰富的老党员、老干部作为撰写人，并发掘和整理大量的曹庄子村历史素材。

4 月，曹庄子村开展“清脏治乱”工作，经过清理拆除违章建筑物面积 2.17 万平方米，整理出 850 余亩土地并对裸露土地进行全面苫盖，防止二次扬尘形成。

5 月，曹庄子村组织党员召开“两学一做”学习教育常态化制度化工作部署推动会。深入开展“维护核心、铸就忠诚、担当作为、抓实支部”主题教育实践活动。

6 月，曹庄子村投资 800 万余元对小区绿化进行全面提升改造，为适应和方便村民出行习惯，重新调整人行便道设计风格，增添休闲座椅，并使花草树木种植布局更加合理。

9 月，曹庄子村被评为天津市 2015—2017 年度文明村镇。

10 月，为迎接党的十九大胜利召开，曹庄子村民美通艺术团排练的歌舞剧《中华儿女》在区文化中心多次演出，受到区、镇领导和现场观众的一致好评。

2018 年

1 月，根据《中共天津市委天津市人民政府关于统筹推进农村集体产权制度改革的意见》和《中共西青区委西青区人民政府关于统筹推进农村集体产权制度改革的实施意见》《中北镇农村集体产权制度改革实施方案》要求，曹庄子村建立农村产权制度改革小组，确认村集体经济组织成员身份，确认基准时点为2018年2月28日24时。

3月，曹庄子村党总支经批准升格为党委。

7月25日，曹庄子村党委、村委会进行换届，换届产生新一届两委班子成员8人，王秀增任党委书记，李学海、宋桂强任党委副书记，许绍光、李四君、李忠海、李汝霜、马学震（党务工作者）任党委委员。

8月，曹庄子村村委会完成换届工作，王秀增任村委会主任，李学海、李忠海任村委会委员。

9月，曹庄子各党支部、工会、妇联、团支部、监督委员会、调解委员会和村民代表完成换届工作。

10月，根据市委组织部、市民政局、市财政局、市规划局、市国土资源和房屋管理局、市农委《关于实施村级组织活动场所改造提升工程的意见》（津党组发〔2017〕19号）要求，曹庄子村完成村综合服务站提升改造工作，进一步加强曹庄子村组织活动场所建设，完善农村基层便民服务网络。

12月7日，曹庄子村召开村志初审会，经过两委班子、党员代表、村民代表评议，22人表决通过《曹庄子村志》初审稿。

第一章　建置沿革

曹庄子村位于天津市区西部，明永乐元年（1403）依河傍水而建，历经静海县、天津县、西郊区、南开区、西郊区、西青区隶属变迁。2008年，曹庄子村实施平房改造，2011年12月还迁至新小区——曹庄欣苑。

村庄毗邻滨海国际机场，距天津市中心6千米，距西青区政府杨柳青所在地6千米。村域内及周边万卉路、阜锦道、外环线、西青道、地铁2号线（曹庄站）等交通网络密集，四通八达。

第一节 地理位置

一、曹庄子村地理位置

曹庄子村位于中北镇北部，东与大卞庄村接壤，西与王庄村比邻，南靠南运河北岸，北至西青道津浦铁路，地理坐标为北纬39° 08′ 20.88″，东经117° 01′ 05″。东有外环线，南靠老津杨公路（今卉锦道），西距西青区政府驻地杨柳青镇6千米，东距天津市中心6千米。

曹庄欣苑航拍图（程龙摄于2017年）

二、曹庄欣苑地理位置

2008 年，曹庄子村实施平房改造。2011 年 12 月 25 日，曹庄子村村民集体还迁至新小区曹庄欣苑。曹庄欣苑小区东邻万卉路，西接金霞路，南至阜锦道，北靠阜盛道。津沪高铁沿小区北部而过，地铁 2 号线在曹庄设站。东与曹庄花卉市场、天津热带植物观光园、希乐城、永旺购物中心、环球购物中心、新城市中心和正在建设中的宜家家居隔路相望，地理位置优越。

第二节　行政区划

曹庄子村在成村的 600 多年中，历经明、清、民国至今，区划变换，归属更迭 22 次。

一、来源

明建文年间（1399—1402），燕王朱棣“扫北”时，先有杜、金、王三姓随军移民到此（曹庄子摆渡口处）定居。

随后山东临沂大户曹广兴带领家眷定居于此。曹广兴定居后，与杜、金、王几户商量村名，因曹广兴是大户人家，又颇有威望，商量后取名曹家庄，曹广兴借杜姓木字取名“槽家庄”。

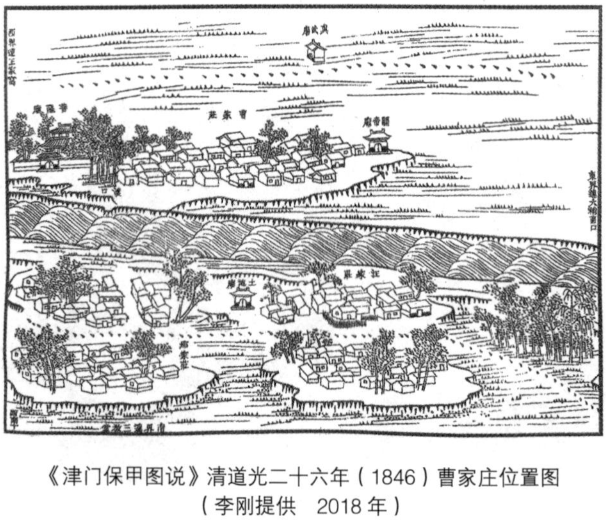

《津门保甲图说》清道光二十六年（1846）曹家庄位置图
（李刚提供　2018 年）

明永乐二年（1404），又有宋、李、张、丁、赵等几户从山东、山西（大槐树）逃荒至此定居，形成村落。

曹广兴后代于清乾隆年间（1736—1795）搬迁出曹家庄，留有一代人搬迁至谢庄村（今曹明来一支）。杜氏家族于清咸丰年间（1851—1861）搬到杨柳青定居（现一街村），杜家搬迁后改名曹永庄，1949 年 2 月天津解放后改名曹庄子村，沿用至今（2018 年）。

《津门保甲图说》中记述，“曹家庄村舍亦多，其对河曰汪家庄，曰邢家庄，居民相比，中设渡口。图内庙三，村三，渡口一，南界三教堂。铺户：一十二户，应役：二户，负贩：三十一户，僧道：二户，烟户：二百四十九户，佣作：一百一十四户，船户：一十一户，共四百二十一户（大口一千二百一十七口，小口七百四口）”。

2008 年秋，曹庄子村实施平房改造，老村拆除。2011 年 12 月，村民抓阄还迁后住进楼房，新小区取名曹庄欣苑，曹庄二字保留至 2018 年。

二、沿革

（一）明清时期

明永乐元年（1403），属静海县稍直口里。

清顺治元年（1644），村域归属静海县。

清雍正九年（1731），置天津府，村内归属天津府天津县。

（二）中华民国时期

1912 年，村域为西乡十四区。

1933 年，村域属第二十九乡。

1941 年，村域属大稍直口乡。

1945 年，村域属天津县第三分区东北斜乡。

1949 年 1 月 15 日，村域属河北省天津县第六区。

（三）中华人民共和国时期

1950 年 8 月，村域属河北省天津县第五分区。

1952 年 4 月 5 日，天津县划入天津市管辖，村域属天津市天津县管辖。

1953 年 5 月 15 日，天津县撤销，改划郊区，村域属天津市津西郊区大稍直口乡管辖。

1955 年 6 月 17 日，津西郊区改称天津市西郊区。村内属天津市西郊区曹庄子乡管辖。

1958 年 2 月 11 日，天津市由直辖市改为省辖市，村域属河北省天津市西郊区管辖。

1958 年 9 月 25 日，西郊区并入南开区，村内属河北省天津市南开区。

1961 年 5 月，南开区将公社规模划小，曹庄子大队归属中北斜人民公社。

1962 年 2 月，村划归西郊区，曹庄子大队属中北斜人民公社。

1963 年 1 月 11 日，中北斜公社划分为 3 个公社：大稍直口人民公社、中北斜人民公社、李楼人民公社，曹庄子大队归大稍直口人民公社。

1966 年 10 月 10 日，大稍直口人民公社改称为“九一九”人民公社，曹庄子大队归“九一九”人民公社。

1967 年 1 月 2 日，天津市由省辖市改为直辖市，村内属天津市西郊区。

1983 年 6 月，“九一九”人民公社改为“九一九”乡，曹庄子村归属“九一九”乡。

1984 年 7 月 12 日，经市政府批准“九一九”乡改为中北斜乡，曹庄子村属中北斜乡。

1992 年 3 月，西郊区改称西青区，村内属天津市西青区中北斜乡。

1997 年 3 月 10 日，中北斜乡改称中北镇，曹庄子村归属中北镇。

至 2018 年 12 月 31 日，村内归属天津市西青区中北镇。

第二章　自然环境

曹庄子村为滨海冲积平原。村域气候特点是季风显著，降水集中，冬冷夏热，四季分明，具备发展农业种植的优越条件。南运河流经整个村域，村内水土资源和动物资源较丰富，在长期的发展过程中，全村人民坚持不懈地改造自然、利用自然，创造了人与自然和谐相处的宜居环境。

第一节　地质　地貌

一、地质

村域成陆于约4000年前，黄河等河流的泥沙淤积是西青区成陆的重要原因。

（一）地层

分布在该地区及附近的地层有古生界寒武系地层、古生界石炭二叠地层、中生界的侏罗系和白垩系地层、新生界的第三系、第四系地层。

（二）构造

该地区的地质构造体系属新华夏系构造体系，按三级构造单元划分，属冀中坳陷的东部边缘。

二、地貌

曹庄子村位于海积冲积平原地带，地势平缓低洼，底层有海相沉积。南运河以北位置，海拔高度向北逐渐降低，至津浦铁路附近，平均海拔在2.5米左右。

三、地形

曹庄子村地域呈正方形，东西长2.2千米，南北宽2千米。旧村的平房居住区东西长，南北窄，呈尜尜形。最宽处150米，窄处80米，地势南高北低。

第二节 气候 物候

曹庄子村境域毗邻渤海，因为渤海是一个深入大陆的内海，位于中纬度欧亚大陆东岸，所以气候并未呈现海洋性的特点、气候类型为暖温带季风型大陆性半湿润气候，具有季风显著、四季分明的特点。

根据气候学平均气温划分四季标准，五天一候，连续5天平均温度小于10℃为冬季，大于22℃为夏季，10℃～22℃为春秋季，村内4月初进入春季，6月初进入夏季，9月初进入秋季，10月末进入冬季，具有冬季最长、夏季次长、春、秋季短促的特点。曹庄子村的四季特征、气候、物候等与天津市类似。

一、气候

（一）四季特征

春季　冷空气势力明显衰退，气温回升快，大风天数多，蒸发量大，空气干燥，降水少，易形成春旱。冷空气常入侵，冷暖多变，常出现春寒。

夏季　夏季是全年温度最高的季节，气候闷热。受太平洋副热带高压和大陆低压影响，多刮东南风和偏南风，潮湿多雨，常有洪涝、冰雹和短时大风等自然灾害。

秋季　暖空气势力减弱，天气暖和，秋高气爽，日照充足，昼夜温差大，降水量较冬、春季多，较夏季少。

冬季　冬天盛行偏北风，空气干燥寒冷，晴朗少雪。

2006—2018年天津市季节初日统计

表2-1

年份	春季初日	夏季初日	秋季初日	冬季初日
常年平均	04-01	05-23	09-14	11-01
2006	03-15	05-14	10-08	11-16
2007	03-23	05-02	09-27	10-28
2008	03-31	05-19	09-23	11-08

续表 2-1

年份	春季初日	夏季初日	秋季初日	冬季初日
2009	03-15	05-03	09-06	10-31
2010	04-18	05-19	09-17	11-12
2011	04-03	05-24	09-08	11-13
2012	03-26	05-02	09-25	11-09
2013	04-11	05-20	09-23	11-17
2014	03-14	05-18	09-14	11-12
2015	03-25	05-16	09-28	11-06
2016	03-15	05-16	09-27	10-31
2017	03-16	05-10	10-02	11-11
2018	03-23	05-10	09-15	—

注：2017 年以前数据来源为天津市气象台，采用简标；2018 年起采用 QX/T 152—2012《气候季节划分》标准，依据站点为天津气象站。

（二）温度 湿度

温度 1 月为最冷月份，平均气温零下 5℃；7 月为最热月份，平均气温 26℃。春季和秋季气温比较适中，平均气温为 13℃左右。全年平均气温 11℃。

湿度 全年相对湿度为 65%左右。最高在 8 月，为 80%左右；最低在 4 月，为 50%左右。

1971—2000 年天津市 1—12 月气候平均数据一览表

表 2-2

月份	日均最高气温	日均最低气温	平均降水总量
1月	2℃	-8℃	3mm
2月	5℃	-5℃	5mm
3月	11℃	1℃	7mm
4月	20℃	9℃	22mm
5月	26℃	15℃	34mm
6月	30℃	20℃	74mm
7月	31℃	23℃	172mm

续表 2-2

月份	日均最高气温	日均最低气温	平均降水总量
8月	30℃	22℃	145mm
9月	26℃	17℃	44mm
10月	20℃	9℃	25mm
11月	11℃	1℃	10mm
12月	3℃	-5℃	3mm

（三）日照辐射

境域冬季日照短、太阳辐射弱。春、夏、秋季太阳高度角大，晴天较多，可以得到充足的日照和太阳辐射能。

1971—2000 年天津市主要天气现象年平均出现日数统计表

表 2-3

站名	大风日数	晴天日数	阴天日数	沙尘暴日数	雾日数	冰雹日数	雷暴日数
西青	33.5	114.0	86.3	1.1	23.4	0.9	29.2

（四）风

曹庄子村季风盛行。冬季受内蒙古高压控制，多西北风。夏季受大陆低压和副热带高压影响，多东南风和偏南风。春、秋两季受季风交替影响，风向多变，但以西南风最多。春季大风较多，多发生在 4 月到 5 月上旬。

1971—2000 年天津市年各月平均风速情况表

表 2-4

月份	平均风速	月份	平均风速	月份	平均风速
1月	2.3m/s	5月	3.0m/s	9月	2.0m/s
2月	2.6m/s	6月	2.5m/s	10月	2.2m/s
3月	2.9m/s	7月	2.1m/s	11月	2.2m/s
4月	3.3m/s	8月	1.8m/s	12月	2.2m/s

二、物候

村域内按照节令划分物候，村民依据物候现象安排农业生产。粮食作物及各类蔬菜的种植时间与节气变化密切相关。90年代后，随着蔬菜保护地的普及，蔬菜的种植时间不再只取决于节气的变化，可实现反季节种植。

（一）春季

立春（2月4—5日），为冬春交替的季节，天气回暖，土地解冻，迎春花开，准备春耕，气温变化比较大。

雨水（2月19—20日），气温回升，蒸发量加大，榆树绽芽，冬小麦返青，大雁始鸣。

惊蛰（3月5—6日），冬眠虫类苏醒，雁北飞。3月初进入农耕期，农谚有“惊蛰地气通”。野草泛青，播种早春作物。大蒜开始种植。

春分（3月21—22日），榆树始开花，柳树展叶。作物进入生长期，蓄水保墒。大棚内开始栽种茄子、辣椒等作物。

清明（4月4—5日），草木萌发，杏花始开，桃树开花。小麦施拔节肥，有“清明小麦挂纸钱”之说。玉米、高粱、豆子始播种。

谷雨（4月20—21日），气温上升，五谷破土。有“谷雨前后，种瓜种豆”“谷雨麦怀胎”之说，需水肥齐攻。

（二）夏季

立夏（5月5—6日），气温上升快，柳絮飞，春作物出苗。农民需抓紧间苗保苗。雷雨天气开始。

小满（5月21—22日），降水增多。小麦灌浆乳熟，农谚有“小满不满，麦有一险”。水稻开始插秧。

芒种（6月5—6日），麦熟始收，春玉米拔节，农民抓紧种植晚玉米和进行春播作物田间管理。

小暑（7月7—8日），温度升高，天气闷热雨水增加。

大暑（7月22—23日），玉米开花，水稻拔节。正值中伏前或者中伏期中，主汛期，为全年最热的季节。

（三）秋季

立秋（8月7—8日），夏玉米、高粱抽穗开花，早晚凉，开始播种大白菜。

处暑（8月22—23日），气温下降快，农谚有“处暑收黍”，枣子成熟，芦苇扬花。

白露（9月7—8日），天气渐凉，降水少，果品收获，做好种麦准备，青蛙终鸣。

秋分（9月22—23日），气温明显下降，农谚有“秋分昼夜平”。天气晴朗、凉爽，蝉终鸣。昼夜温差大，有利于大白菜生长。

寒露（10月7—8日），芦苇始枯，燕子南飞，蟋蟀终鸣。大白菜进入包心期，需适时追肥。水稻开始收割。

霜降（10月22—23日），时见大雁南飞。多西北风，首次寒潮将至，土地开始上冻。农谚有“霜降到立冬，翻地冻害虫”。

（四）冬季

立冬（11月7—8日），气温明显下降，农谚有“立了冬，水见冰”。土壤夜冻昼化，适合冬灌，可使小麦安全过冬。农谚有“立冬不砍菜，冻坏别见怪”。开始出现降雪天气。

小雪（11月22—23日），气温继续降低，多刮西北风，开始冻土层，河水结冰，进入取暖期。

大雪（12月7—8日），冻土层加深，河水结冰。

冬至（12月21—22日），冬至这一天白天最短，冬至日，数九开始。

小寒（1月5—6日），有“冷在三九”的说法，西北风多，开始进入全年气温最低的时候，降雪量增大。

大寒（1月20—21日），白天气温在0℃左右，夜间在-10℃左右。是一年中最冷时期，经常出现寒流。

第三节 自然资源

一、水资源

（一）地表水

1. 大气降水

具有雨季短、少雨季节长的特点。降水集中在夏季，6月底至8月下旬降水量占全年的75%左右，冬季降水量占全年的2%左右。

阜春河（大排干）阜盛道至西青道段（朱德慧摄于 2017 年）

南运河七号桥至万卉桥段（朱德慧摄于 2017 年）

2. 河流

南运河　曹庄子村坐落于南运河北岸，民房沿运河湾而建。南运河曹庄段由东向西全长 2700 余米，上口宽 50 米，底宽 15 米，河深 10 米。曹庄子村的繁衍生息与运河息息相关。新中国成立前，曹庄子村的生产、生活用水均源于此河。1965 年，南运河上游来水断绝。

排水河　村土地均处在蛤蟆洼地带，由于地势低洼，又称盐碱地。新中国成立前后，大田以种高粱为主，产量低，亩产一般只有 20 公斤。为解决排洪问题，1956 年，全村组织干部群众大兴水利基本建设，开挖上口宽 20 米，全长 2400 米的南北排水河。村中有 3 条东西排水河及大小沟渠 100 余条，可做到旱能浇、涝能排。到 2018 年，村内有阜春河 1 条排水河。

（二）地下水

曹庄子村村内地下水分为咸水和淡水两类。由河道泛滥或现代河渗透及雨水渗透形成浅层淡水，其季节性变化大。南运河两岸底界面最深处 25 米，最浅处约 5 米。蛤蟆洼底界在 0 ~ 5 米。除浅层地下水外有 6 个含水组，曹庄子村界属第二含水组。

1966 年春，在村西打 1 口饮水井，深 143 米，并用砖建造水塔 1 座，属淡水井，供村民饮用。

1979 年春，曹庄子大队为色织十五厂打机井 1 口，深度为 187 米，属淡水井，为色织布浆纱用水。

2004 年，在村北大麦地打饮水井 1 口，深 670 米，水温 29℃，属淡水井，供村民饮用。2012 年以后，供小区绿化浇水使用，沿用至 2018 年。

二、土地资源

新中国成立后，村中开荒，耕地面积不断增加。1980年以前，全村有4700亩耕地，其中园田1500亩、稻田（1956年以前为旱地）3200亩。1980年后，随着土地开发和利用，加上人口的增长，全村的土地逐年减少。

三、动植物

（一）动物资源

哺乳类　有野兔、黄鼠狼、家鼠、蝙蝠、刺猬、田鼠、獾、狐狸等。

两栖、爬行类　有青蛙、蟾蜍、蛇、壁虎、鳖等。

鸟类　有乌鸦、喜鹊、大雁、小燕、麻雀、猫头鹰、野鸭、啄木鸟、芦莺、苇莺、鹌鹑、百灵鸟等。

鱼类　有鲫鱼、鲤鱼、草鱼、鲢鱼、鳙鱼、麦穗鱼、泥鳅、鲇鱼等。

软体动物　有河蚌、蜗牛、田螺等。

环节动物　有蚯蚓、水蛭等。

①苍耳；②芦苇；③蒲蓬；④槐树花；⑤狗尾巴草
（朱德慧提供　2018年）

①螳螂；②喜鹊；③青蛙；④刺猬；⑤狐狸
（朱德慧提供　2018年）

昆虫类　有蜻蜓、蚊子、苍蝇、蛾、瓢虫、蝗虫、蟑螂、萤火虫、马蜂、蝴蝶、螳螂、蝈蝈、蟋蟀、蜜蜂、蚂蚁等。

（二）植物资源

乔木　有白毛杨、小叶杨、沙兰杨、旱柳、垂柳、馒头柳、龙爪柳、白榆、国槐、洋槐、龙爪槐、臭椿、香椿、白蜡、法桐、泡桐、合欢树、桧柏、侧柏等。

灌木　有紫穗槐、木槿、黄杨、冬青、丁香、荆条等。

草类　有芦苇、稗子、狗尾草、白茅草、香蒿、苍耳、刺儿菜、碱蓬、马齿苋、车前草、三棱草、节节草、苣荬菜、鸭脚草、草木樨、蒺藜等。

第四节　自然灾害

一、水灾

历史上，村内灾害频发，以洪灾为最多。自清康熙三十五年（1696）至同治九年（1870）170余年的时间里，曹庄子村发生洪水、涝灾上百次，旱灾10余次。

1917年9月21日，子牙河南堤决堤，曹庄子村农作物被淹。

1924年7月23日，因周边降水量大，子牙河杨柳青西河堤漫堤决口，村域全洼被淹。

1939年8月，由于村内及周边突降暴雨，北洼庄稼被淹。

1963年8月，独流减河水位猛涨。为确保天津市区安全，8月11日减河南河堤被炸开泄洪，村庄周边南运河水位上涨。

二、旱灾

1965年秋，南运河水干枯、断流。

1971年春，南运河水再次断流，曹庄子大队决定稻田改旱田。

三、风灾

1969 年 8 月 29 日，龙卷风由西北方向入境，村内部分树木、庄稼被毁。

四、地震灾害

1976 年 7 月 28 日 3 点 42 分左右，唐山发生 7.8 级大地震，波及曹庄子村，房屋倒塌 84 间，大修 400 间，其中厂房倒塌 7 间、集体用房倒塌 20 间。

第三章　人　口

明永乐初年，建村时曹庄子村只有 8 户 39 人。清咸丰年间（1851—1861），村人口增至 106 户 476 人。

新中国成立后，人民生活水平不断提高，医疗条件逐步改善，村人口增长至 326 户 1201 人。60 年代，逐渐形成生育高峰，人口自然增长较快，人口数量是解放初期的 2.3 倍。20 世纪 80 年代末至 90 年代末，人口增长趋于稳定。至 2018 年 11 月底，全村有 1782 户 5315 人，女性数量略多于男性，呈现出人口寿命延长、文化素质提高的特点。村民平均寿命由解放初期时的 62 岁提高至 75 岁，90 岁以上老年人有 12 人。村民文化水平大幅提高，大专以上学历村民有 269 人。外来暂住人口约有 5000 人，与村籍人口持平。

第一节　人口状况

2018 年 11 月底，曹庄子村有 1782 户、5315 人。村民性别、年龄、文化素质、职业等不尽相同。其中，汉族人口占 99.75%，有回族、蒙古族、满族、朝鲜族、壮族 5 个少数民族人口。

一、人口总量

建村时曹庄子村只有 39 人。1949 年 10 月，全村农业人口 1129 人。1953 年 12 月，全村农业人口 1306 人。1964 年 7 月，全村农业人口 2812 人。1982 年 7 月，全村农业人口 4019 人。1990 年 7 月，全村农业人口 4339 人。1995 年，全村农业人口 4497 人，其中男性 2242 人、女性 2255 人。2000 年，全村农业人口 4638 人，其中男性 2291 人、女性 2347 人。

据 2018 年 11 月统计，全村总户数为 1782 户，总人口数为 5315 人。其中，男性 2592 人、女性 2723 人，农业人口 4746 人、非农业人口 569 人。

在人口总量的变化中，1949—1963 年是历史上的生育高峰，村人口上升，死亡率下降。此后，由于开始提倡计划生育，自 1972 年后人口发展逐步过渡到低出生、低死亡、低自然增长的阶段。2016 年实施全面两孩政策后，人口自然增长率仍比较平稳。

2009—2018 年曹庄子村人口情况表

表 3-1 单位：户、人

年份	总户数	总人口	农业人口			非农业		
			合计	男	女	合计	男	女
2009	1740	5101	4638	2291	2347	463	270	193
2010	1710	5134	4659	2289	2370	475	270	205
2011	1716	5152	4673	2285	2388	479	272	207
2012	1723	5134	4653	2290	2363	481	274	207
2013	1725	5148	4664	2307	2357	484	278	206
2014	1736	5186	4694	2288	2406	492	277	215
2015	1749	5202	4705	2316	2389	497	289	208
2016	1755	5245	4743	2309	2434	502	292	210
2017	1776	5271	4760	2292	2468	511	294	217
2018	1782	5315	4746	2275	2471	569	317	252

二、人口构成

（一）性别构成

全村总人口中，男性人数略少于女性。2018 年，男、女占比分别为 48.77%、51.23%。2009—2018 年，男女比例变化不大。

2009—2018 年曹庄子村人口性别构成表

表 3-2

年份	总人口（人）	男		女	
		人数（人）	占总人口比例	人数（人）	占总人口比例
2009	5101	2561	50.21%	2540	49.79%
2010	5134	2559	49.84%	2575	50.16%
2011	5152	2557	49.63%	2595	50.37%
2012	5134	2564	49.94%	2570	50.06%
2013	5148	2585	50.21%	2563	49.79%

续表 3-2

年份	总人口（人）	男		女	
		人数（人）	占总人口比例	人数（人）	占总人口比例
2014	5186	2565	49.46%	2621	50.37%
2015	5202	2605	50.08%	2597	49.92%
2016	5245	2601	49.59%	2644	50.41%
2017	5271	2586	49.06%	2685	50.94%
2018	5315	2592	48.77%	2723	51.23%

2018 年 11 月曹庄子村农业人口年龄构成表

表 3-3

年龄段	总人口（人）	人数（人）	占比（%）	男（人）	女（人）
0～17岁	4746	810	17.07	375	435
18～60岁		3004	63.29	1415	1589
61～80岁		839	17.68	406	433
81～90岁		85	1.79	38	47
91岁以上		8	0.17	3	5

（二）民族构成

自形成村落至 2018 年，全村以汉族为主。截至 2018 年 11 月，全村总人口有 5315 人，汉族人口 5302 人，有回族 6 人、蒙古族 3 人、满族 2 人、朝鲜族 1 人、壮族 1 人。

2018 年 11 月曹庄子村民民族情况表

表 3-4　单位：人

汉族	占比（%）	回族	占比（%）	蒙古族	占比（%）	满族	占比（%）	壮族	占比（%）	朝鲜族	占比（%）
5302	99.76	6	0.11	3	0.06	2	0.04	1	0.02	1	0.02

（三）文化素质构成

解放初期，曹庄子村在村西拆庙建小学，为初小班。高小要到大卞庄上学，小学毕业后再到北斜中学（1957年建）继续学习。1958年，少数学生到天津46中学上学，大部分学生初中毕业后回村参加农业劳动。1970年以后，中学教育开始普及，全村村民文化程度普遍提高，到2018年村民文化程度达到历史最高水平。

新中国成立前，全村人口多数属于文盲和半文盲，文化程度较低。

1950年，全村开展扫盲运动，村民们对学习认字热情很高，文化水平普遍提高。1977年全国恢复高考后，当年有10多人考上大专学校，以后每年都有几名高考生被录取。男性和女性文化水平差别不大。随着90年代后的教育发展，村民们的文化水平逐渐提高，高中、中专学历的村民越来越多。

2000年以后，村民重视子女教育，高中或中专毕业后就业的村民有的通过电大、自考、函授等多种渠道取得大专、本科学历。更多的村民通过高考走进高等院校，部分村民在取得全日制本科学历后继续攻读研究生等。2015年，该村1名高考生取得672分的成绩，为村历届高考最高成绩。

2018年11月曹庄子村农业人口受教育程度情况表

表3–5

文化程度	半文盲	学前	小学	初中	中专	高中	专科	本科及以上	合计
人数（人）	9	510	1675	1831	250	354	33	84	4746

（四）家庭结构

2018年11月，对本村原12队1330户农业家庭进行统计，其中一人户148户（大多数为老人丧偶户），2人户237户，3人户296户，4人户243户，5人户245户，6人户111户，7人户30户，8人户14户，9人户3户、10人户3户。

2018年11月曹庄子村农业家庭户数数据表

表3–6　　单位：户

队别	一人户	二人户	三人户	四人户	五人户	六人户	七人户	八人户	九人户	十人户	合计
1	17	16	26	20	24	6	2	2	0	0	113
2	13	18	39	16	23	6	1	0	0	0	116
3	13	19	26	18	27	15	5	1	0	1	125
4	12	29	24	25	16	11	2	0	1	1	121

续表 3-6

队别	一人户	二人户	三人户	四人户	五人户	六人户	七人户	八人户	九人户	十人户	合计
5	9	24	15	16	19	7	5	1	0	0	96
6	19	29	31	24	17	8	2	1	1	0	132
7	7	21	24	31	15	11	1	1	0	1	112
8	15	19	22	26	19	11	2	2	0	0	116
9	15	15	23	18	17	11	5	0	0	0	104
10	11	18	25	17	28	8	1	3	0	0	111
11	9	19	32	24	28	6	3	1	1	0	123
12	8	10	9	8	12	11	1	2	0	0	61
合计	148	237	296	243	245	111	30	14	3	3	1330

（五）职业分布

2018 年，曹庄子实有劳动力 3316 人，其中男性 1620 人，占实有劳动力的 48.85%；女性 1696 人，占实有劳动力的 51.15%。由于产业结构的不断调整，人们所从事的职业随之变化，2008 年之后全村拆迁改造，大部分劳动力由务农转岗到其他行业。

2018 年曹庄子村劳动力构成情况表

表 3-7　　单位：人

年份	性别			职业						
	合计	男	女	农业	工业	个体	建筑	交通	仓储	贸易	其他
2018年	3316	1620	1696	32	890	190	220	80	130	260	1514

注：其他项目包括社会服务业、批发零售业等。

三、人口变动

解放初期，人口增长率较低；60 年代末到 70 年代末，人口自然增长率较高；80 年代后期到 2015 年，人口增加趋于稳定，逐渐增多；2016 年，随着国家实施全面两孩政策，人口增长率提高。随着经济的发展，外来人口流动性加大，居住量增加。

（一）自然变动

1.2012—2018 年人口出生情况

2012 年，全村出生 35 人，出生率 6.81‰。2013 年，全村出生 34 人，出生率 6.60‰。2014 年，全村出生 45 人，出生率 8.67‰。2015 年，全村出生 31 人，出生率 5.96‰。2016 年，全村出生 39 人，出生率 7.44‰。2017 年，全村出生 46 人，出生率 8.73‰。2018 年，全村出生 52 人，出生率 9.78‰。

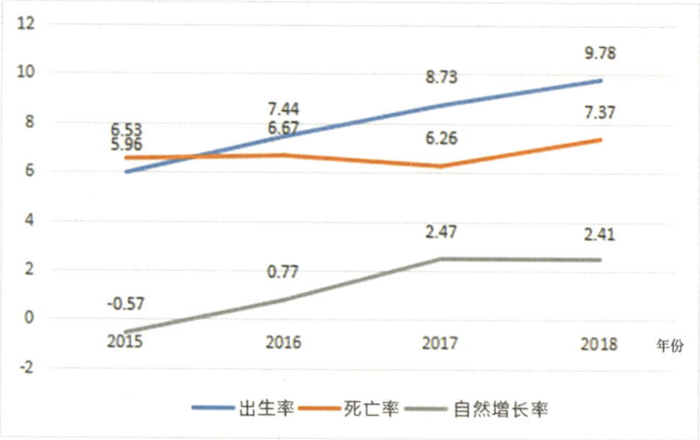

图 3–1　2015—2018 年曹庄子村人口出生率、死亡率和自然增长率（‰）

2.2015—2018 年人口死亡情况

2015 年，全村死亡 34 人，死亡率 6.53‰。2016 年，全村死亡 35 人，死亡率 6.67‰。2017 年，全村死亡 33 人，死亡率 6.26‰。2018 年，全村死亡 39 人，死亡率 7.34‰。

（二）机械变动

1964 年，党中央发出《关于动员和组织城市知识青年参加农村社会主义建设的决定（草案）》，天津市首批知识青年到农村落户。1970 年春，曹庄大队接收天津市下乡知识青年 138 人，均为“老三届”的学生。大队党支部把知青安排在 12 个生产队参加农业劳动。同年，安置插队落户 63 户 256 人，并为他们盖了新房和知青楼。1991 年后，大部分知青和疏散人员返回城市。

1970 年，疏散人员李洪珍随丈夫王长立到曹庄子村安家落户，专心研究科学种田技术，利用温室栽培黄瓜，获得高效益。1978 年，李洪珍被评为全国“三八红旗手”。

（三）外来人口

随着镇区的发展，曹庄子村成为中北镇的发展中心，加之村周边公共设施的建设与完善，外地人集中至曹庄欣苑小区。为加强对流动人口的管理，2017 年，中北镇政法委和镇派出所分配流动人口协管员，负责村流动人口排查、登记，形成档案、录入公安系统进行信息整合，形成电子化管理。至 2018 年，全小区有外地流入 832 户 2496 人。

第二节　姓　氏

一、姓氏

明永乐元年（1403）建村时，曹庄子村有杜、金、王、曹、宋、李、张、赵 8 个姓氏。

经过 600 余年的村庄发展，至 1993 年，全村人口有 4769 人，姓氏 154 个。

2006 年，全村人口 4902 人，姓氏 156 个。

2017 年，全村有姓氏 157 个。其中，王姓最多，有 769 人。超过 100 人的姓氏 10 个，10 ~ 99 人的姓氏 46 个，10 人以下的姓氏 101 个，只有 1 人的姓氏 40 个。

2017 年曹庄子村农业人口姓氏人数统计表

表 3-8　　　　单位：人

姓氏	人数	姓氏	人数	姓氏	人数	姓氏	人数	姓氏	人数
王	769	孙	86	丁	39	侯	20	田	14
李	615	于	85	徐	38	许	20	祁	14
张	340	白	81	闫	35	贾	18	卢	14
马	277	韩	76	朱	34	何	18	梁	13
刘	259	姜	74	沈	34	周	17	孟	13
赵	190	程	74	庞	32	缴	17	鲍	11
宋	176	高	70	金	29	任	17	魏	11
黄	139	郭	63	吴	27	郝	17	葛	11
杨	125	林	44	冯	25	潘	16	罗	10
邢	104	胡	40	苳	23	崔	16	丰	10
牛	90	陈	39	曹	22	肖	16	戈	10

续表 3–8

姓氏	人数	姓氏	人数	姓氏	人数	姓氏	人数	姓氏	人数
姚	10	戴	4	段	2	车	1	曲	1
薛	9	华	4	宫	2	东	1	桑	1
纪	8	靳	4	顾	2	刁	1	沙	1
史	8	兰	4	冀	2	符	1	时	1
邱	8	苗	4	孔	2	傅	1	司	1
邵	7	念	4	廉	2	耿	1	部	1
付	7	佟	4	芦	2	谷	1	腾	1
贺	7	管	4	梅	2	关	1	万	1
石	7	蒋	3	家	2	焦	1	温	1
杜	7	康	3	彭	2	解	1	辛	1
乔	7	郎	3	施	2	井	1	信	1
章	6	吕	3	唐	2	景	1	颜	1
江	6	门	3	陶	2	昝	1	遇	1
窦	6	秦	3	夏	2	寇	1	袁	1
柴	5	谢	3	施	2	蔺	1	运	1
齐	5	项	3	易	2	鲁	1	庄	1
房	5	武	3	殷	2	羊	1	左	1
郑	5	尹	4	俞	2	倪	1	黎	1
范	5	邹	3	苑	2	慕	1		
汪	5	边	2	岳	2	毛	1		
安	4	方	2	柴	1	屈	1		

注：个别姓氏人数统计存在误差。

二、部分姓氏渊源

曹庄子村的曹姓于明初由山东临沂迁居至此。宋、李、张和其他姓氏分别从山东、山西逃荒到曹庄子定居。解放台的李姓于新中国成立前由河北青县逃荒到此，朱姓从山东菏泽市逃荒至此，王姓至今已传至28代。

三、部分姓氏家谱简介

邢氏家谱　邢氏家谱失传，经过邢春荣、邢春雨、邢春光、邢春才等人三年寻找，族谱未能找到。2004 年 10 月中旬，族长邢春荣在另一支邢氏家中找到一本山东邢氏家谱。家谱记载，祖讳德者，乃山西洪潼县南土村人，自明朝洪武八年（1375）迁入山东东昌府堂邑城西五十里外许村定居已有六百二十八年。根据族长分析和相传，邢庄子、曹庄子邢氏家族由山东邢氏兄弟跑船迁入天津定居，兄弟几人最终剩一人繁衍至今，其他迁移至他乡下落不明。曹庄邢氏家谱由村民邢桂堂于 2004 年 11 月 18 日谱序，邢氏至邢桂堂已传 20 代。

许氏家谱　据祖先遗言：原籍是盐山县（现河北黄骅）地留庄（堤柳庄）人氏。因灾荒年，迁移至河北省（现天津市）静海县唐官屯东薛庄子村落户。许氏八十三世（金门昭穆）、十五世（堤柳庄昭穆），指忠善祖付太君为薛庄许氏为第一世祖。后 22 代许焕祥、许焕尧、许焕照兄弟 3 人到大稍直口村做生意。1947 年，许焕照定居曹庄子村。据家谱记载，薛庄子许家繁衍到敬字辈，至 2018 年已有 25 代。

罗氏族谱　一世祖珠公三十八世太郎，后十一世三五郎为福建省三明市清流县古坑罗氏一世祖，后因三十五世明广（字日炎）求学工作分配，于 1960 年定居曹庄子村，曾任中国科学院北京天文台天津纬度站站长。

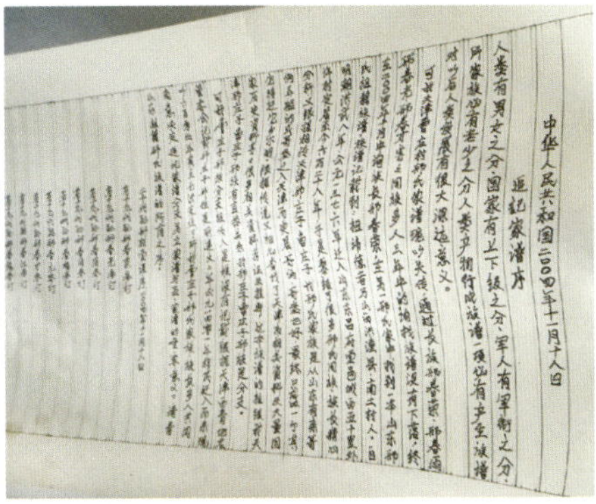

邢氏家谱（邢桂堂提供　2018 年）

许氏家（族）谱（许绍光提供　2018 年）

罗氏族谱（罗承浩提供　2018 年）

第三节 人口生育

一、生育政策宣传

新中国成立初期，国家鼓励生育，曹庄村随之出现生育高峰。至 50 年代末，人口翻了一番多。60 年代初期，开始宣传计划生育，村内生育峰线开始回落。1982 年，国家将计划生育作为一项基本国策，提倡一对夫妇只生育一个孩子。如果想生育第二孩，两孩间隔 4 年以上或者一胎是女孩儿，女方年龄需达到 35 周岁。只有一个孩子的发给独生子女证。

1989 年，随着《天津市计划生育条例》颁布实施，规定一对夫妇只生育一个孩子。曹庄村积极开展计划生育宣传，提高人们对计划生育工作的认识。是年，成立计划生育领导小组，加大宣传和管理力度，使人们对计划生育认识普遍提高。

2016 年，实施全面两孩政策。

在人口总量的变化中，1949—1963 年，人口上升，死亡率下降。自 1972 年后，人口发展逐步过渡到低出生率、低死亡率、低自然增长率的阶段。2016 年，全面两孩政策实施后，曹庄子人口自然增长率仍比较平稳。

二、人口生育情况

1970 年以后，曹庄子村成立由生产大队负责领导的计划生育协会，下设办公室，由 2 ~ 3 名专职人员负责全村的计划生育工作。提倡晚婚晚育，号召一对夫妻只生一个孩子。在历届党政组织就任时，把计划生育工作放在重要位置，并选择有能力的妇女干部抓好计生工作。

解放初期，婴儿出生率较高，成活率较低。20 世纪 60 年代到 70 年代末，婴儿出生率、成活率均较高。20 世纪 80 年代到 21 世纪初，随着计划生育政策的实行，出生率逐渐平稳，基本上一对夫妻生育一个孩子，如果第一胎是女孩，女方 35 周岁后可以生育二孩。

2010 年，全村有育龄妇女 1192 人，其中生育一孩 932 人、生育二孩 192 人。

2014 年，全村有育龄妇女 1059 人，有新生儿 45 人。

2015 年，全村有育龄妇女 1015 人，其中生育一孩 789 人、生育二孩 171 人。

2016 年 1 月 1 日，全面实施一对夫妇可生育两个孩子政策，二孩出生率逐渐提高。全村有育龄妇女 991 人，其中生育一孩 755 人、生育二孩 180 人。

2017 年，全村有育龄妇女 991 人，其中生育一孩 722 人、二孩 195 人。全年出生 46 人，其中一孩 30 人、二孩 16 人。

2018 年，全村新生儿有 52 人，农村籍育龄妇女 935 人，一孩家庭 684 户，二孩家庭 195 户。

第四章　农　业

曹庄子村地处天津市西部，农业生产历史悠久。早在明朝时期，就有先民在此开发土地。但因地处“蛤蟆洼”，地势低洼十年九涝，农作物产量低。新中国成立后，村先后进行土地改革、农业合作化、人民公社化等多次农村经济体制改革，大兴农田水利设施，农业逐步发展，“十年九不收”的盐碱地变成了高产田。改革开放以后，曹庄子村的农业种植结构、养殖结构发生明显转变，以晚香玉为代表的花卉种植成为农业种植的一张名片。村农业经济健康有序发展，后随着城市扩张和土地开发利用，村农业逐渐退出。

第一节 生产关系

新中国成立前，曹庄子村的生产资料分配极不平均，土地为少数人占有，资本家及官僚在村购买田地，建置坟茔，坟地附近的土地亦归其所有，如曹庄子有冯家坟地、陈家公馆。除此之外，多户地主、二地主、富农和上中农占有大部分土地。村里绝大部分无生产资料的农民靠租用官僚、地主的土地、农具等进行劳动以维持生计。至中华人民共和国成立，这种生产关系才有所改变。

一、土地改革

1949 年 3 月 15 日，天津县委作出《关于四十天农村工作的决定》。同时派出工作队进驻曹庄子村，宣传土改政策和生产政策，帮助农民成立农会。曹庄子村 90%以上的贫雇农加入农会组织，没收了地主的土地、房屋和生产资料。废除地主、富农的土地所有权，取消二地主的中间剥削。没有土地和少地的农民分到了土地、房屋、牲畜、大车、农具、粮食以及衣被等，此次运动至 4 月 20 日结束，称为“四十天运动”。

1951 年 11 月 3 日，天津县委抽调干部到村进行土地改革工作，曹庄子村成为天津县土改工作的试点单位。工作队由 10 余人组成，由天津县五区工委书记郭法科带队。农会成立后，向群众及农会会员宣传土地改革政策，划阶级、定成分，把 15 户地主、富农的大部分土地、房屋、农具、牲畜分给贫农、雇农，土改试点工作于同年 11 月 15 日完成。

1955年，曹庄子村进行土改补课。经过土地改革、土改补课，曹庄子村的贫农、雇农占有的土地、农具、牲畜增加了。通过土地改革，曹庄子村实现了耕者有田，使曹庄子村几百年的生产关系得到改变。

二、农业合作化

（一）互助组

土地改革实施后，农民分得土地。因农具不足，资金短缺，在生产资料私有制的条件下，曹庄子村出现以互助合作为典型特征的新型生产方式，按自愿互利的原则，开展多种形式的互助合作。

1950年冬，曹庄子村55户农民自愿结合，成立互助合作组织“稻田委员会”。经过一年的时间，“稻田委员会”发展到82户411人，男女劳动力212人，土地704.24亩，牲畜29头，主要农具21件，为曹庄子村互助合作组织积累了宝贵经验。

互助组的形式分为三大类：一类是临时互助组或常年互助组；二类是农业互助组，副业互助组或农副业相结合的互助组；三类是有劳动力的互助组或劳力与畜力的换工，但季节性互助组为多。互助组的经营管理方式一般采用民主管理、等价两利、定期找平补齐的办法。也有的采用按股分红或确定人力、畜力互转标准，搞好农具和人工换算。每日按劳动力的工作成绩和技术评工一次，定期召开研究会。组内有组长和记工员，一起参加劳动，评分记工。

1951年，曹庄子村成立15个互助组，时任互助组组长有李世功、姜万和、姜世臣、高金章、马维元、牛绪奎、赵佩元、黄秋成、邢国庆、王玉宽等人。

（二）初级社

1952年春，曹庄子村“稻田委员会”改称为天津县曹家庄农业生产合作社，成为村内的第一个初级社，制定社章《天津县第五区曹家庄农业生产合作社简章》。初级社在天津县全面推广，为天津县的初级社建立提供了宝贵的经验。以后，天津县各村相继成立初级社。

1954—1955年，曹庄子村先后成立高金章社、进步社、曙光一至九社。初级社成立后，各互助组选举的组长为初级社社长，时任社长的有李世功、姜万和、姜世臣、高金章、马维元、牛绪奎、赵佩元、黄秋成、邢国庆、王玉宽、孙士华。

（三）高级社

1956年春，初级社向高级社过渡。高级社成立后，首先制定社章、设立管委会和监委会。社长、主任由社员大会或社员代表大会选举产生。管委会下设职能股，社委会领导各生产队开展生产。

高级社取消土地入股分红，完全实行按劳分配的原则，土地所有权、使用权和收获物分配归集体所有。社员不再以土地分红，而凭参加集体劳动按量分配。

1956 年春，曹庄子村与大卞庄村合并成立满天红高级农业合作社。曹庄子设 3 个生产队，大卞庄设 2 个生产队，另设 1 个青年队、均由 2 个村的青年男女组成。孙士华、杨志祥、马维元分别任曹庄子 3 个生产队队长，程铁青任青年队队长。满天红农业社组织 2 个村的青壮年劳动力大兴农田水利基本建设。开挖南北排水河，从南运河北岸到西青道，全长 2 千米、宽 10 米，深 1.5 米。东西中沟，上下渠、排水沟 100 余条。经过近 2 个月的昼夜奋战，把“蛤蟆洼”万亩（曹庄子村和卞庄两个村的土地数）土地建成示范田，把“十年九不收”的盐碱地变成旱能灌、涝能排的丰收田。春天开垦、夏季插秧、秋天收获第一季水稻，并获得丰收。

三、人民公社

1958 年 8 月，人民公社成立后，曹庄子、卞庄子分家，曹庄子成立生产大队。卢金标任曹庄生产大队大队长，下设 11 个生产队，时任生产队长有李同禄、吴殿臣、

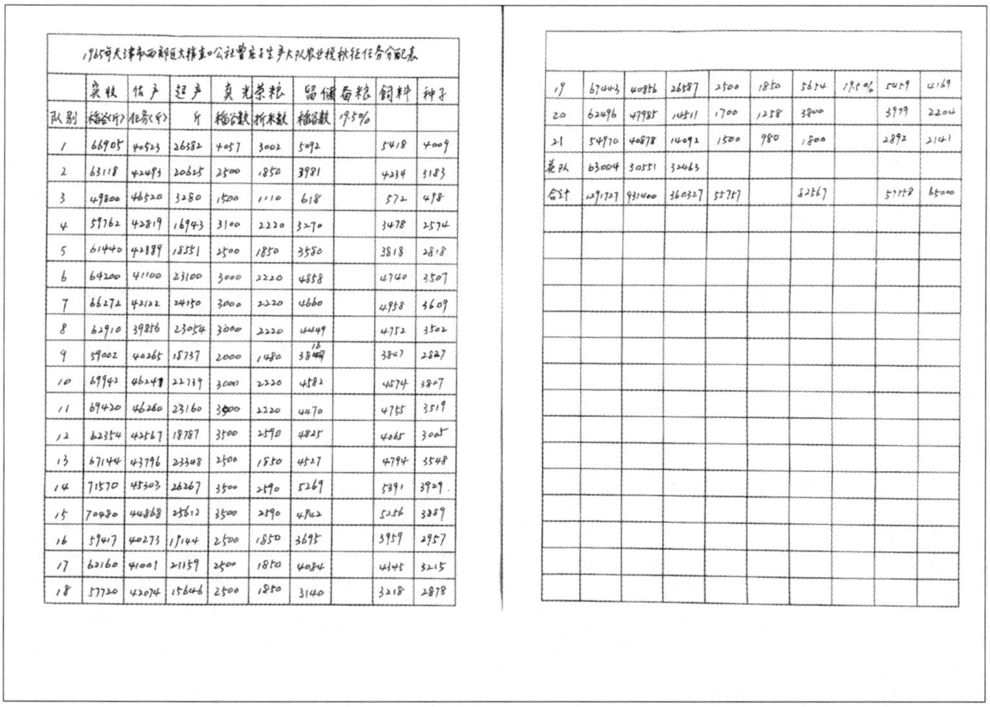

1965年天津市西郊区大稍直口公社曹庄子生产大队农业税秋征任务分配表

	实收	估产	超产	卖光	荣粮	留储	备粮	饲料	种子
队别	稻谷(斤)	任务(斤)	斤	稻谷数	折米数	稻谷数	19.5%		
1	66905	40523	26382	4057	3002	5092		5418	4009
2	63118	42493	20625	2500	1850	3981		4234	3183
3	49800	46520	3280	1500	1110	618		572	498
4	59762	42819	16943	3100	2220	3270		3478	2574
5	61440	42889	18551	2500	1850	3580		3818	2818
6	64200	41100	23100	3000	2220	4858		4740	3507
7	66272	42122	24150	3000	2220	4660		4958	3609
8	62910	39856	23054	3000	2220	4449		4752	3502
9	59002	40265	18737	2000	1480	3816		3847	2827
10	69942	46248	22739	3000	2220	4582		4574	3807
11	69420	46260	23160	3000	2220	4470		4755	3519
12	62354	42567	18787	3500	2590	4825		4065	3005
13	67144	43796	23348	2500	1850	4527		4794	3548
14	71570	45303	26267	3500	2590	5269		5391	3929
15	70480	44868	25612	3500	2590	4842		5256	3889
16	59417	40273	19144	2500	1850	3695		3959	2957
17	62160	41001	21159	2500	1850	4084		4345	3215
18	57720	42074	15646	2500	1850	3140		3218	2878
19	67443	40856	26587	2500	1850	5654	19.5%	5459	4169
20	62496	47985	14511	1700	1258	3800		3979	2204
21	54970	40878	14092	1500	980	1800		2892	2141
苑队	63004	30551	32463						
合计	1291727	931400	360327	55757		82567		57558	65000

1965 年曹庄子生产大队农业税秋征任务分配表（2017 年李云才根据西青区档案馆查询翻制）

杨志祥、王恩元、韩锡禄、宋建华、王世义、张绍贤、王文生、李世功、黄炳全。

1961年春，村实行公社、生产大队、生产小队三级所有，生产队为基本核算单位，按劳分配。各生产队集体食堂取消，恢复家庭生活方式。全村有11个生产队。1962年春，曹庄大队由11个生产队划分为21个生产队，由西向东排位。首任生产队长为李顶文、吴殿臣、马维元、白云清、黄世良、王恩元、韩锡禄、杨志祥、于尚志、宋建华、赵文林、牛绪奎、王立江、王世仁、黄秋成、金振日、宋家骥、李世功、马家义、张绍甫、宋竹泉。接替队长的有刘子云、付成才、张绍生、黄世洪、姜世杰、杨万林、侯德俊、杨玉贵。

1965年10月，“四清”工作队进驻曹庄大队，全村开展“四清”运动，工作队进村后把21个生产队合并为11个生产队。1966—1968年，各生产队长为李宗林、田元成、邢春贵、王恩元、韩锡禄、白云标、王世义、张绍英、程民忠、姜世杰、李焕臣。

1968年冬，曹庄大队建制再次调整，由21个生产队划合成4个中队，每个中队设正、副队长，妇女队长各1人，下设3个生产组。正副队长为李焕臣、闫玉福、王世义、李申海、白云标、赵光华、邢春贵、李宗林、马维信。

1971年春，稻改旱，4个中队解体，重新设立12个生产队，由东向西排位直至1982年。历任生产队长为李世兰、许绍民、姜世杰、赵锡文、白云标、宋家骥、李世江、范玉杰、李顶文、程民文、张绍祥、李世功、王立江、王宗玉、马学仁、牛绪奎、赵文林、白云标、吴殿江、张绍森、王世强、李世兴、李焕友、曹广海、李焕平、李宗林、闫玉福、宋竹泉、李明德、程月生、李焕臣、卢长起、宋家香、宋建华、田元成、李路英、邢春贵、金振日、戈少华等。

从互助组、初级社、高级社到人民公社，曹庄子村先后8次变动生产体制。分分合合各有优势，无论是互助组组长，初级社、高级社社长，还是人民公社时期的生产队长，他们都为曹庄子村的农业生产和经济发展作出了突出贡献。

1979年曹庄子生产大队基本核算单位现金收益分配汇总表（一）

表4–1

序号	项目	基本核算单位合计	其中	
			生产大队	生产队
1	单位数（个）	12	—	12
2	一、总收入（元）	1582976.58	—	1582976.58

续表 4-1

序号	项目	基本核算单位合计	其中	
			生产大队	生产队
3	比上年增减额（元）	104278.44	—	104278.44
4	其中出售产品收入（元）		—	
5	（一）农业收入（元）	1014420.16	—	1014420.16
6	（二）林业收入（元）		—	
7	（三）牧业收入（元）		—	
8	（四）渔业收入（元）		—	
9	（五）副业收入（元）	235702.69	—	235702.69
10	其中社队企业工资（元）	176855.25	—	176855.25
11	劳务运输收入（元）		—	
12	（六）工业收入（元）		—	
13	（七）大队下拨利润（元）	22211.46	—	22211.46
14	（八）其他收入（元）	310642.27	—	310642.27
15	二、总支出（元）	426463.21	—	426463.21
16	占总收入（%）	26.94	—	26.94
17	（一）生产费（元）	419794.48	—	419794.48
18	其中付投配现金（元）	10337.35	—	
19	1.农业支出（元）	380421.17	—	380421.17
20	2.林业支出（元）		—	
21	3.牧业支出（元）	2171.16	—	2171.16
22	4.渔业支出（元）		—	
23	5.副业支出（元）	19576.5	—	19576.5
24	6.工程支出（元）		—	
25	7.财产折旧费（元）	17625.85	—	17625.85
26	（二）管理费（元）	636.89	—	636.89
27	（三）其他费用（元）	6031.84	—	6031.84

续表 4-1

序号	项目	基本核算单位合计	其中	
			生产大队	生产队
28	三、纯收入及分配（元）	1159013.37	—	1159013.37
29	其中分配（元）	2500	—	2500
30	比上年增加额（元）	91275.31	—	91275.31
31	（一）国家税金（元）	19177.22	—	19177.22
32	占总收入比（%）	1.21	—	1.21
33	（二）集体提留（元）	217262.89	—	217262.89
34	占总收入比（%）	13.72	—	13.72
35	比上年增 / 减额（元）	18017.65	—	18017.65
36	1.公积金（元）	152945.23	—	152945.23
37	占总收入（%）	9.68	—	9.68
38	2.生产费基金（元）		—	
39	3.公益金（元）	64317.66	—	64317.66
40	占总收入（%）	4.04	—	4.04
41	4.储备基金（元）		—	
42	5.分配基金（元）		—	
43	（三）社员分配（元）	922574.26	—	922574.26
44	占总收入（%）	58.13	—	58.13
45	比上年增 / 减额（元）	72967.66	—	72967.66
46	其中现金分配（元）		—	
47	增加分配人口（人）	4005	—	4005
48	人均水平（元）	230.3	—	230.3
49	比上年增 / 减额（元）	16.1	—	16.1
50	参加分配劳动力数（人）	2054	—	2054
51	劳均水平（元）	442.7	—	442.7
52	参加分配户数（户）	917	—	917

1979 年曹庄子生产大队基本核算单位现金收益分配汇总表（二）

表 4–2

项目	基本核算单位合计	其中	
		生产大队	生产队
一、参加分配总工分（个）	6046747.2	—	6046747.2
平均分值（个）	1525	—	1525
二、参加分配劳动口（个）	750240	—	750240
三、决算后累计超支户	177	—	177
四、决算后累计超支款	59068.52	—	59068.52
五、汇总的核算单位数（个）	12	—	12
1.总收入增百元以上单位数（个）	11	—	11
其中：（一）人均分配增5角以上的单位（个）	8	—	8
（二）人均分配减5角以下单位（个）	3	—	3
（三）人均分配增 / 减不足5角单位（个）	1	—	1
2.总收入减百元以下单位（个）	1	—	1
六、人均分配最高单位（个）	12队	—	12队
人均分配最低的队	10	—	10
七、固定资产总值（元）	570886.41	—	570886.41
按人均分配水平分组		—	
151 ~ 200元单位数（个）	1	—	1
201元以上的单位数（个）	11	—	11

四、家庭联产承包责任制

1983 年春，人民公社体制撤销，在党中央正确领导下，实行改革开放政策，全国农村实行家庭联产承包制。曹庄子村按照上级政府的要求，包产到户。曹庄子村根据当时全村人口总数和耕地面积，决定按照劳动力分地。男劳动力每人 0.7 亩，女劳动力每人 0.5 亩；17 岁以下和 60 岁以上村民分 0.03 亩菜田。在村办企业和其他工厂上班的人员暂时不分给田地。1989 年春，村委会对全村土地进行第二次调整。

随着中北工业园、天津热带植物观光园等建设陆续征地，农业耕地再次减少。

2008 年 11 月，为加快中北镇城市化建设，曹庄子村进行平房改造，村民承包土地已不适应发展形势，村集体依法将村民土地使用权收回，结束了村民务农的历史。自此，曹庄子村全部土地纳入镇集体规划当中。

五、产权制度改革

2018 年 1 月，按照中央提出的逐步构建“归属清晰、权能完整、流转顺畅、保护严格”的中国特色社会主义农村集体产权制度的要求，曹庄子村着手产权制度改革工作，以激发农村发展活力、促进农民持续增收为目的，针对村集体资源性、经营性、非经营性资产在产权归属、管理运营和收益分配等方面存在的问题，推动实施以“两清、三建、五落实”为主要内容的集体产权制度改革，厘清村集体经济组织成员边界和集体资产底数，建立健全村集体经济组织、集体资产管理运行机制和收益分配制度，落实村集体经济组织成员集体对土地等资产的所有权和村集体经济组织成员的土地承包权、宅基地使用权、集体收益分配权以及经营主体的土地经营权。

（一）工作小组及分工

2018 年 1 月 28 日，曹庄子村产权制度改革工作小组成立，由 25 人组成。组长为王秀增，副组长为李学海、宋桂强、李四君、李忠海、许绍光、李汝霜、程龙，成员为庞庆山、赵书江、于凤艳、刘小磊、马学浩、李云才、赵文有、许绍民、张绍森、程民文、姜世洪、王秀林、田国友、范玉杰、赵学华、李申海、马家智。下设 3 个专项工作组，职责分工明确：清产核资专项工作组负责村级集体资产、资源的核查，债权债务的核实、产权界定、资产处置、股权设置等工作，成员资格认定专项工作组负责本村人员清查登记和成员资格认定登记等工作，文秘专项工作组负责起草产权制度改革所需各种方案。

（二）成员身份确认时间及标准

本次改革的成员身份确认基准时点为 2018 年 2 月 28 日 24 时。参照《天津市村集体经济组织成员资格认定指导办法（试行）》，综合考量户籍登记、土地承包、居住生活以及对曹庄子村村集体贡献等因素，制定成员身份确认的具体标准。

（三）工作进度及发展情况

2018 年 12 月，曹庄子村依靠镇集体规划，村内已建成中北工业园生活服务区、喆 · 啡酒店、宝月大厦、交通学院、恒通达物流等项目，村集体收入 4500 余万元。产权制度改革工作持续进行，严格按照镇党委、政府时间节点完成产改前期统计工作和领导小组成立工作，2019 年初着手清产核资及登记认证等后续工作。

第二节　生产条件

一、劳动力

新中国成立前，曹庄子村耕地较少，而且大多数集中在少数人的手中，除几个佃户外，全年直接从事农业生产的劳动力不多。

新中国成立后，经过土地改革，农民分得土地，加上水利设施的兴建，农田改造以及不断平坟开荒，地势提高，耕地面积增加，直接从事农业生产的人口和劳动力大大增加。直至 80 年代初，从事种植生产的劳动力一直占劳动力总数的绝大部分。

1980 年以后，乡村企业迅速发展，第二产业劳动力逐渐增加。1995 年，全村企业职工有 1200 余人，占全村劳动力总数的 1/3。许多劳动力在乡村企业上班，工余时间从事农业生产。农业上提倡多种经营，以种植业为主。

1990 年以后，每到农忙时节，雇佣短工的现象较多。雇工多从事田间劳动，为村办企业的临时工。曹庄子村大桥一带自发形成一个劳务市场，最多时达 300 余人。有的农户（养花、种植）大户常年雇用外地民工进行农业生产。民工大多数来自安徽、山东等地。

2000 年，村有农业人口 4638 人，其中男性 2291 人、女性 2347 人。全村男女劳动力约 3000 人。其中，约有 1500 人从事务农（种菜、种花等），其他村民在企业工作或从事个体经营、交通运输等行业。2008 年以后，随着旧村改造，从事农业的劳动力逐年减少，逐渐转入其他行业。

2010 年以后，由于产业结构不断调整，村民从事的职业不断变化。2018 年，村内实有劳动力 3316 人。其中，男性 1620 人，占实有劳动力的 48.85%；女性 1696 人，占实有劳动力的 51.15%。

二、耕地

新中国成立前，曹庄子村所有耕地都在南运河北岸以北，田园地较少，土质比较好的适合种植各种蔬菜和花卉，浇水方便。旱田都在“蛤蟆洼”，多为坟地，因无排水设施，有雨即涝，多为盐碱地，耕地面积 2700 多亩。新中国成立后，大兴农田水利建设，开荒耕地面积增加到 4700 余亩。

1978 年，全村农业人口 3700 人，农业人均耕地 1.47 亩，农业劳动力人均耕地 2.80 亩。2000 年后，随着村庄土地利用、开发及人口增长，土地逐年减少。

三、农田水利设施

新中国成立前，曹庄子村粮田区无法灌溉，只能靠天吃饭。菜田因濒临南运河，农民浇地多用泼斗。1940 年后，曹庄子村村民自愿筹资制作了几架水车，用牲口拉，出水量大，比泼斗效率大幅提高，持续使用到 1956 年。1956 年春，曹庄子全村用上了电，购置水泵浇地。

1960 年，曹庄子村西建立扬水站，开挖村北旱地中的大小沟渠。随着农田排水工程的不断完善，农田排涝能力普遍提高，再加之数十年的综合治理，控制盐碱地的发展，为发展农业生产创造了良好的生态条件。

1983 年以后，村内实行家庭联产承包责任制后，村委会相继把用电设施引入各户农田，打浅水井用于农业灌溉；紧靠南运河的周边园田利用水泵抽水浇灌土地。2008 年后，曹庄子村农业水利设施逐渐废弃。

四、农机具

新中国成立前后，曹庄子村民种植粮田、菜田全部使用农具。

（一）农具

旱田农具有耠子、单腿耧、双腿耧、耙、砘子、碌轴、木锨、禾杈、小镰、扫帚、锄、镐、筛子、簸箕、耘镐、摞子、风车等。

田园农具有锄刀子、划拉子、平锨、瓦楞锨、锄锨、桃锨、三齿、四齿、大耙、小耙、挠钩、钉耙、钩子、小镐、土篮子、粪簸（背筐）、柳条筐、竹筐、牙剪子、泼斗、水车、喷雾器等。

稻田农具有水耙（用木头做的）、方耙子（3 米长、10.02 平方米，地面找平用）、插秧机、水稻收割机、捋子和扬场用农具。

（二）农业机械

1969 年春，曹庄子生产大队购买全村第一台手扶拖拉机。1970 年后，相继购买东方红铁牛 55 型拖拉机、链轨拖拉机。随后，各生产小队均购置东方红 20 型拖拉机。除去耕地以外，这些胶轮拖拉机还用于拉蔬菜、肥料和从事运输。各生产队收获稻谷时多用挎子，也有用脱粒机和扬场机。70 年代后，土地耕种、收割几乎全部实行机械化。80 年代以后，村民单干个人管理土地，机械化使用逐渐减少，运输工具多为人力或畜力。90 年代以后，随着农民收入和产值的提高，运输工具发展为川野、时风等农用车辆。2008 年以后，务农村民逐年减少，农业机械逐渐消失。

五、肥料

曹庄子村田园以施用农家肥为主，多施用大粪、圈肥、炕灰等。少数经济条件较好的农户购买当时统称“肥田粉”的化肥在田园区少量施用。

新中国成立后，无土地的农民分得土地，生产热情高涨，除施用农家肥外，化肥的用量也渐增。高级社时开始施用硫氨化肥，多数在田园区。实行人民公社化后，冬闲时，常有十几个青年男女拉一辆大车去市内收脏土（居民烧过的煤球灰），拉回来之后，用四齿倒好之后和大粪，然后拉到稻田地里撒开。村民还去侯台子拉臭泥，用同样方法施在稻田地里。

1980 年，施用的化肥主要有复合肥、尿素、二铵等。由于市场经济取代计划经济，化肥原料随之开放，村农随便购买。多数农民仍使用农家肥，如鸡粪等有机肥料，化肥只是在生长过程中施用。

2008 年以后，土地集体收回，肥料出现在生活中的次数越来越少。到 2018 年，施肥种地已成为村中老人的回忆。

第三节　种植业

村域内种植业主要包括粮食作物、蔬菜作物和花卉种植。50 年代前期，粮食作物的播种面积占农作物播种总面积的 66% 左右，蔬菜占 34% 左右。60 年代前期，蔬菜作物播种呈起伏性下降。70 年代末，粮食作物播种面积有所减少，蔬菜种植面积大幅度增加。由 50 年代的 1300 亩增加到 2000 亩。90 年代后，调整农业种植结构，花卉种植占据农业种植的半壁江山。

一、粮食

粮食作物

1. 玉米

曹庄子村因地势低洼、土地盐碱，成村后至1955年一直种植玉米。初时，亩产50 ~ 75公斤。如遇大雨或洪涝可能颗粒无收。20世纪50年代初期，玉米亩产在100公斤左右。

2. 小麦

小麦种植分为两种：一种叫秋小麦，在每年的秋分前后耕种。麦苗可过冬，开春浇头水，收成100公斤上下，农民有一句谚语“白露早，寒露迟，秋分种麦正当时”。另一种叫春小麦，约在惊蛰节气地气通时耕种，6月20日前后收割，亩产和秋小麦差不多。

3. 水稻

1940年，日本侵略者在津浦铁路北开辟稻田，北至子牙河，西至杨柳青镇隐贤村，东至大卞庄五孔桥。稻田由曹庄子村管理，所产稻谷充作日本侵略军的军粮。日本投降以后，稻田废弃。新中国成立后，此处土地多划归杨柳青农场所有。

1956年，高级社时期，曹庄子村北洼全部改造成稻田地。曹庄子村引进小站稻，全村水稻种植3200余亩。第一年水稻平均亩产200公斤，地势高的地块亩产超过300公斤。60—80年代，亩产高的地块达500公斤以上。其中，1965年11月曹庄子生

昔日的村北稻田（镇广播站马瑞提供）

产大队卖光荣粮 2.75 万公斤。1983 年，农村改革后稻田分到每户个人种植，自种自收。1994 年，村委会按照上级政府号召实行规模化统一经营，将村民手中的稻田集中收回，成立曹庄子村农场，统一种植、统一管理。村委会负责农业的副主任丁玉华任场长，并配备专业人员，同时聘用河南、四川务工人员 80 余人，负责水稻种植工作。农场成立后新建三台泵站，添置 6 台 12 寸水泵和喷雾器等若干设备，以小组为单位进行科学种植，实行增产多得制度，以调动村民的种植积极性。

村委会将收获的稻谷按每人每年 75 公斤分给村民。1997 年 8 月，西青区政府在曹庄子村召开现场会，推广曹庄子村农场的典型经验，并命名“稻田生产样板田”“千亩水稻种子田”。1995 年，水稻总产超过 80 万公斤。2000 年后，水稻停止种植。到 2018 年，村委会仍向每人发放每年 200 元的稻米钱。

1994—1999 年曹庄子村农场稻田产量统计表

表 4-3 单位：公斤

时间	亩	亩产	总产
1994年	1200	300	360000
1995年	1200	350	420000
1996年	1100	400	440000
1997年	1000	400	400000
1998年	1000	450	450000
1999年	1000	450	450000

二、蔬菜

曹庄子村蔬菜种植历史悠久。解放以前，村民主要种植大白菜、菠菜、茄子、辣椒、菜豆角等品种，除自家食用，绝大部分销往天津市区。合作化以后，蔬菜种植逐步被纳入国家计划，按季节品种供应市民的“菜篮子”。

1960 年中央提出“以粮为纲”，加之 1964 年调整国民经济，蔬菜种植面积下降。后来由于田园粮菜间作，使蔬菜种植受到严重影响。

1970 年后，副食品种类增加，田园面积大幅度扩大。各生产队每 2 亩地建大棚 1 个，全村大棚占地达 300 亩以上，主要种植优质品种的大路蔬菜。南瓜苗嫁接黄瓜是当时的农业技术成果。

1980年，曹庄子大队科技组试验蔬菜地膜覆盖栽培，取得成功后，在“九一九”人民公社全面推广。地膜覆盖的主要品种有茄子、辣椒、春萝卜、黄瓜、甘蓝（圆白菜）、豆角等蔬菜。1983年，全国农村实行家庭联产承包责任制，曹庄子村村民开始在承包的土地上耕种，不断调整种植品种，在北菜种植的基础上，引进南菜北种。农户开始建温室大棚，冬天也种上黄瓜、茄子、辣椒、芹菜、番茄（西红柿）等。

村内温室大棚（李四君提供　2008年）

1995年，全村蔬菜上市量达到700余万公斤，全村地膜覆盖756亩，曹庄子村温室的黄瓜、芹菜在当时享有盛名。1995年以后，随着村内花卉产业的不断发展，不少村民选择退菜种花提高收入，蔬菜种植逐年减少。2008年，村平房改造进行土地规划，自此村民告别农业种植。

1998年曹庄子村蔬菜保护地面积统计表

表4-4　　　　单位：亩

田园面积	散地	大棚	温室	中小棚
1370.6	602	300	122	180

蔬菜作物

1. 品种

春季有小白菜、油菜、芹菜、菠菜、羊角葱、香菜、韭菜。

夏季有芹菜、菠菜、生笋、花椰菜（菜花）、黄瓜、甘蓝（圆白菜）、茄子、辣椒、菜豆角、芸豆角、西红柿、西葫芦。

秋季有花椰菜（菜花）、茄子、芹菜、万子豆角、菜豆角、黄瓜、芥蓝、茴香、大葱、生笋、菠菜、香菜。

冬季有甘蓝（圆白菜），芹菜，花椰菜（菜花），香菜，菠菜，青麻叶大白菜，其中青麻叶大白菜为过冬储存菜。

农村改革后，村引进南菜北种，其品种众多。

2. 面积产量

曹庄子村园田面积 1398 亩，各种蔬菜全年上市量在 1500 万公斤以上，天天有蔬菜上市，供应市民的“菜篮子”。

3. 保护地生产

生产队时期，保护地面积少，各队只有冬季阳畦秧苗，约 1500 平方米。农村改革后，保护地逐渐增加，据 1998 年统计全村保护地有 800 余亩。

4. 大黄西红柿

1960 年以后，各生产队均有种植大黄柿子（属西红柿品种）。该品种产量高，亩产在 3000 公斤左右，受大众欢迎。1983 年，生产队解散，村内不再大规模种植。

三、科技组

曹庄子大队科技组成立于 1970 年春，设组长、副组长各 1 人，农业技术骨干若干人，有旱地 30 亩、园田 30 亩。旱地主要研究玉米、高粱杂交品种，并研制成功“多穗高粱”新品种，亩产超 500 公斤。

园田主要研究西红柿、甘蓝，并研究茄子新品种，发给各生产队试种，结果产量提升 30%。

2005—2006 年曹庄子村蔬菜生产统计表

表 4-5

名称	生产规模	年份		名称	生产规模	年份	
		2005 年	2006 年			2005 年	2006 年
黄瓜	播面（亩）	106	130	芹菜	播面（亩）	42	50
	产量（吨）	306	380		产量（吨）	127	151
	产值（万元）	25	33		产值（万元）	12	15
甘蓝（圆白菜）	播面（亩）	199	241	冬瓜	播面（亩）	48	52
	产量（吨）	498	604		产量（吨）	163	179
	产值（万元）	30	38		产值（万元）	7	9

续表 4-5

名称	生产规模	年份		名称	生产规模	年份	
		2005 年	2006 年			2005 年	2006 年
番茄（西红柿）	播面（亩）	76	91	豆角	播面（亩）	89	91
	产量（吨）	170	206		产量（吨）	200	204
	产值（万元）	17	23		产值（万元）	22	25
茄子	播面（亩）	168	244	其他	播面（亩）	216	273
	产量（吨）	402	583		产量（吨）	272	350
	产值（万元）	28	37		产值（万元）	28	40
大白菜	播面（亩）	124	127	合计	播面（亩）	1068	1299
	产量（吨）	521	571		产量（吨）	2659	3228
	产值（万元）	13	16		产值（万元）	182	236

第四节　特色花卉

一、晚香玉

（一）晚香玉历史

晚香玉照片（李淑起摄于 2017 年）

曹庄子村花卉种植历史悠久，从清乾隆元年（1736）开始至今已有 280 多年的历史。清乾隆年间，曹庄子村王姓村民开始从北京丰台镇引进晚香玉。从那时起，又增加宋、张等几户农民种植花卉。从此，祖辈们的种植延续到2008年老村拆迁。也正是因为曹庄子村种植晚香玉出名，中北镇被国家林业局、中国花卉协会命名为“中国晚香玉之乡”。

1917年9月21日，天津地区连降大雨，子牙河南堤决堤，“蛤蟆洼”被淹，村北一片汪洋。由于当时没有排水设备，导致庄稼、蔬菜、花卉全部被洪水淹死。1918年4月洪水渗干，花卉和农作物都变成泥土，花农们一起商量怎么恢复种植，不能因为洪水就让晚香玉绝种。他们几经周折到北京丰台购买晚香玉疙瘩，回村后继续种植。

（二）晚香玉栽培

晚香玉花种和其他花卉种植有不同之处。清明节时把花疙瘩栽种在平整的畦里，横平竖直，一周浇一次水，中期施肥两次，随后锄草松土。此时花主疙瘩周边长出小疙瘩，6月开始长出花葶，7月花葶开花，9月底把晚香玉从地里刨出来，先晾晒，后用刀将疙瘩上的须子去掉，再晒。随后把它编成辫子形状，放到户里外屋提前搭好的架子上过冬。灶台烧火做饭取暖保湿，保持屋内的温度，这是冬天储存晚香玉的最佳保证，为来年晚香玉下地打下基础。

（三）晚香玉销售

旧时，晚香玉种植户自行去卖，每天下午打完花葶回到家用麻袋放在大木盆中，浇上水，次日一早挑着花筐或者挎着花篮去市里走街串巷叫卖，高声喊叫“白玉兰儿”“晚香玉”，叫卖声吸引来大姑娘、小媳妇争相购买。

民国时期，英租界有个美国人叫布莱恩·鲍尔，他写过一本书叫《租界生活》，其中有一个章节“卖白莲花的老头儿”讲述当时花贩在租界卖花的场景。

人民公社时期是集体销售，20世纪50年代初，村里的花农经常背着晚香玉去西安、张家口、沈阳、北京等地叫卖。后来，各生产队把花送到大队花场，由花场统一交到市花木公司销售，直到1983年生产队解体。

二、其他花卉种植

其他花卉品种有230余种，部分优质品种附后。

（一）花卉主要品种

1. *双瓣茉莉*　由广东中山小榄镇引进栽种，春季栽种，夏秋季开花。二十世纪七八十年代，专门供应天津市正兴德茶叶公司熏茶叶用。

2. *洋石花*　洋石花用于接待外宾或庆典活动。二十世纪六七十年代，曹庄子大队花场种过此花，当时专门为外交部礼宾司邮递。下午摘完花，用包裹送到天津西站，写明地址，寄往北京外交部礼宾司收。

3. 菊花 曹庄子村种植菊花的历史有 200 多年。20 世纪 80 年代以后，花农大规模种植菊花，品种多、花色多。菊花可以说是花卉种植的一大特色，每年国庆节期间，如天津站广场、水上公园和西青区政府驻地杨柳青广场装饰的菊花都是曹庄子村花农提供的。

（二）其他花卉种植

曹庄子村地处南运河畔，土地肥沃、水源充足，适宜种植各种花卉。清朝末年，曹庄子村的花卉种植面积不断增加，品种也不断更新，除晚香玉以外，又从外地引进霸王鞭月季、石榴、玫瑰、西粉莲、玉簪花、菊花等花卉。20 世纪 90 年代后，曹庄子村的菊花种植成为特色，可以说是远近闻名。

50 年代，曹庄子村成立运河沿上第一个花区。1958 年，村建起第一个花窖。从此曹庄子村开始南花北种、东花西移。南花从广东、福建、浙江等引进。君子兰从长春购买，杜鹃从辽宁丹东购入。曹庄子村共引进花卉 130 余种，极大地提升了花农的种植热情。

2000 年以后，曹庄子村花卉种植进入快速发展时期。人们对花卉的需求量逐年提高，许多农民开始退菜种花。2005 年，全村 1500 余户农民中，约有 1000 户种植花卉。全村田园 1398 亩，其中暖窖 349 亩、大棚 769 亩、露地 280 亩。全年花卉总收入接近 3000 万元，户均 1.3 万元，人均收入 5000 余元。20 户种植大户年收入 30 余万元。

随着曹庄子村花卉种植名气的不断增大，2003 年，中北镇政府兴建的花卉市场以曹庄子村命名，取名为曹庄花卉市场。从此，花卉旅游成为曹庄子村的新名片。2018 年，热带植物观光园开辟 100 余平方米土地继续种植和培育晚香玉。

三、曹庄花木场

1956 年，曹庄子村成立满天红高级农业社后在村西建立占地面积约 15 亩，拥有 20 余名社员的花木场（简称花区、花队），以种植晚香玉、菊花、霸王鞭月季为主，兼种一些草本花。

1958 年春，花区盖起曹庄子村第一个花窖，马维汉任花区队长，开始南花北种，主要包括山茶花、细叶杜鹃、毛杜鹃、白兰、含笑、米兰、桂花、茉莉等品种，主要进行花卉批发和零售。

1976 年冬，曹庄子生产大队任命马家义为区长，上任后马家义多次到南方考察，先后引进巴西木、龟背竹、南阳杉、九里香、榕树、四季橘、罗汉松、丁香、木槿、合欢树、龙柏等上百个品种。20 世纪 80 年代后，村最高年销售收入 100 余万元。

1983 年，实行改革开放后，花区由马家义个人承包。2008 年，全村实行平房改造，土地由村委会收回后统一划入镇规划当中。

1995 年曹庄子村种植、培育花卉种类表

表 4–6

花卉类		观叶植物		盆景类果类	花灌木树苗类
山茶花	干雪莲	金星橡皮树	苏铁	福蓬茶	丁香
细叶杜鹃	月季花*	印度橡皮树	巴西铁	六月雪	木槿
丹东杜鹃	洋绣球	龟背竹	凤尾铁	雀梅	碧桃
毛杜鹃	阴绣球	针叶龟背	华丽铁	榕树	寿仙桃
白兰	扶桑	佛肚竹	紫叶铁	地瓜榕	西府海棠
含笑	马英丹	观音竹	斑马竹芋	九里香	垂丝海棠
君子兰	马蹄莲*	棕竹	花叶芋	榔榆	凌霄
鹤望兰	虎刺梅	细叶橡竹	天鹅绒	枫树	红绿梅
米兰	百合花	麦冬草*	红宝石	红果	蜡梅
鹦鹉兰	桂花	吊篮草*	绿宝石	小石榴*	紫藤
万年红	大丽花	龙骨草	蓬莱松	金橘	黄洋
象牙红	小丽花	五色草	罗米松	四季橘	爪子黄洋
红三角	荷花	波士顿	花叶	朱砂橘	龙爪槐
四季海棠	香石竹	春雨	睡榕	玳玳花	龙柏球
日本海棠	晚香玉	绿萝	麒麟掌	柠檬	槐柏
银星海棠	花鞭*	南洋杉	文竹*	盆栽葡萄*	侧柏
蟹爪兰	黄金盏	鸭脚木		盆栽苹果	合欢树
白婵	金鱼草	露水松			龙柏
黄山婵	蝴蝶梅	绿地王			
茉莉*	草杜鹃				
红珊瑚	草石竹				
鸡蛋花	紫罗兰				
狗牙花	万寿菊*				

续表 4–6

花卉类		观叶植物		盆景类果类	花灌木树苗类
水仙花*	非洲菊*				
一品冠	九月菊*				
牡丹*	国庆菊*				
夜来香*	一串红*				

注：标 * 者为当地培育品种。

四、花圃选介

（一）飞祥花圃

20 世纪 90 年代中期，村民罗晓飞、罗群祥兄弟二人经营飞祥花圃。2018 年，花圃位于天津花圃大厅，占地面积 5 亩，工作人员 20 人，每年雇用临时工装卸花卉约 2000 人次，主要从广东、福建、山东等地引进花卉进行批发零售。花圃有巴西木、米兰、龙血树、铁树等 100 多种观叶植物，主要销往华北地区，年营业收入 2000 万 ~ 3000 万元。

（二）宗林花木场

20 世纪 90 年代，村民王宗林开始经营花木场。2018 年，花木场位于杨柳青木厂村，占地约 12 亩。花木场经营人员 18 人，每年雇用临时工装卸花卉约 2000 人次。花卉来自广东、云南、福建、山东等地，引进绿植、盆景等 100 多种观叶植物，主要销往华北地区，年营业收入 2000 万 ~ 3000 万元。

（三）玉林鲜花轩

1997 年 9 月 19 日，村民张玉起开始经营曹庄花卉第一家鲜花店。通过刻苦学习花艺知识，张玉起在短时间内取得较好成绩。21 世纪初，张玉起通过天津市教委开办“花卉专门艺术培训班”，把花店作为实践基地，义务为学员提供实习的机会，培训学员 1000 余名。玉林鲜花轩专门设计一间花艺展室，布置国内著名的花艺作品，以方便更多的花艺工作者进行交流。

张玉起创作的花艺作品先后获得中国国际花艺博览会银奖、中国首届插花艺术金奖和单项壁挂金奖，花店及其本人事迹被中央电视台、天津电视台、新华社、《工人日报》等媒体报道。2018 年，曹庄花卉鲜切行业经营人员多出自玉林鲜花轩的培训，产品主销天津市及周边省市。

第五节　养殖业

一、畜禽养殖

（一）畜类养殖

1. 猪

自解放前到1955年，只有几家农户养猪。1956年高级社时期，曹庄子村在村内修建了一座占地6亩的养殖场，有工作人员10人，养殖300头生猪，其中有种猪10余头，生猪出栏后送往宰杀场，于1974年停产。改革开放后，全村有几十户养猪的村民，多的农户养10余头，少的农户养1头。

2. 大牲畜

新中国成立前，较富裕的几家农户合伙养头牛或毛驴。1958年人民公社化后，曹庄子生产大队和11个生产小队都购买了胶轮大车和大牲畜。每个小队有骡子，马5~7头，1~2头小毛驴，主要拉小车使用。生产大队拥有七八匹骡子和马，并配有种马和种驴用于繁殖。牛主要用来拉垃圾和脏水。生产队解散时，牲畜被分给农户，或被直接卖掉。

（二）禽类养殖

1983年春，养鸡大户王世强用养貂赚的2万余元租赁第八生产队的5间马号和库房，购买2000只雏鸡开始养鸡，并于当年实现零售和外销。1986年，鸡存栏增加到6500只，新建鸡舍9间，年经营性收入32万元。王世强曾被推选为中北斜乡和西郊区人大代表。

第五章　工商服务业

新中国成立前后，曹庄子村无集体企业，只有少数个体手工业。村办企业起源于20纪60年代初，发展于20世纪80至90年代。村办、联办和合资企业近20家，这些企业的发展成为曹庄子村的主要经济增长点。2000年以后，发展方向逐渐向第三产业转移，逐渐形成以商贸、物流、服务和租赁为主导的第三产业布局，为村经济发展提供了有力支撑。

第一节　工　业

一、个体工业

（一）个体手工业

新中国成立前，曹庄子村工业门类少，手工业规模也小。一些农户打柴草卖，纺羊毛、糊火柴盒、挑炭以补贴家用。以金氏家族为主做泥娃娃，拿到集市、庙会上去卖。土地改革后，无地的农民分得土地，生活基本有了保障，个体手工业者多数弃工务农。合作化、人民公社化后，农民参加集体劳动，评工计分，年终参与分红，个体工业没有了空间。

（二）私营企业

1983年农村实行经济体制改革后，劳动效率提高，人均耕地减少，出现剩余劳动力。国家对私营企业的兴办不再限制，个体工业和户联工业相继出现，并逐渐增多，涉及家具制作、服装加工、食品加工、建材制作、五金加工、冲压锻件、磨光、酱菜腌制、机械加工等诸多行业。

1995年以后，曹庄子村规模个体私营企业不断增多。2000年以后，有20余家私营企业。随着镇、村产业结构不断调整，2017年私营企业有10余家。2018年，个体企业在“小散污”专项治理的要求下，全部迁出村域，迁入各工业园中。

（三）行业及产品结构

私营经济的迅速发展，成为曹庄子村经济新的增长点。多年来，曹庄子村两委班子认真落实个体私营经济发展的各项政策措施，不断加大扶持力度，促进了个体私营经济发展，并积极帮扶私营企业做大做强。

2017 年曹庄子村私营企业及产品结构表

表 5–1

序号	私营企业名称	法人代表	成立时间	产品类型
1	天津市宝群工贸有限公司	马彦群	2001年1月	清洁剂
2	兴盛达液压配件	高学平	1995年2月	机械
3	宝良五金机械	白宝龙	2002年4月	焊网
5	源坤像素厂	杨明起	2003年3月	密封条
6	津西兴达钢管厂	李世兴	1998年10月	高频焊管
7	永强模具厂	赵锡全	1999年1月	不锈钢制品
8	江铃模具制造厂	张学江	2004年2月	机加工
9	联星汽车配件厂	牛吉文	1999年9月	汽车配件
10	谊鹏斯瑞工贸公司	于玲	2003年12月	汽车配件
11	环球汽车配件有限公司	赵世梅	1995年8月	汽车冲压件
12	谊鹏汽车配件有限公司	白宝洋	1998年10月	汽车配件
13	环美（天津）医疗器械	王学龙	2005年	医疗器械

二、集体工业

（一）队办工副业及加工

曹庄子村工业起源于20世纪60年代。起初各队输出劳动力到大型企业做劳务工。

1966 年春，曹庄子村建立第一家队办企业——车床加工厂。设备有各种车床、铣床、刨床和冲床，为市内同行企业加工零部件。

1968 年，曹庄大队投资兴建第二家企业——铸件厂，铸件品种繁多，许多外地企业到曹庄子村铸件厂加工部件。

1970 年后，拔丝厂、恒通酱菜厂、汽车配件一厂分厂先后创建。拔丝厂主要为天津电缆厂加工各种型号的纯铜线材。恒通酱菜厂加工腌制各种酱菜和食品调料，除在市内销售外，主要销往东北三省，1991 年升为市级企业。汽车配件一厂分厂主要为天津市企业工业公司所属企业加工汽车零部件。

1979 年春，曹庄大队与天津市色织公司联合创建天津市色织十五厂（简称色织十五厂）。全村 400 多人进厂当纺织工人。色织十五厂主要生产色织布、牛仔布，产品销往全国内地和香港地区，并出口南美地区。1991 年，色织十五厂升为部级企业，年产值 1400 万元，纯利润 48 万余元。

原色织十五厂（李四君提供　2008 年）

剪板厂（李四君提供　2008 年）

1985 年起，曹庄子村先后投资建立振兴机加工厂、内燃机电机分厂、电视机配件厂、信誉剪板厂、液化气站、医疗设备厂、永强模具厂、华益纸箱厂、大华制灯厂、汽车配件一厂分厂、发卡厂、恒通酱菜厂、兴强酱菜厂、磨光厂、餐具厂、闷火厂、天马汽车配件厂、内燃机厂、夹板锤、打线厂等村办企业。电视机配件厂为天津长城电视机加工各种配件。天马福利汽车配件厂主要为微型汽车厂加工各种冲压部件和配套零件。永强模具厂、医疗设备厂主要生产加工各医院设备的零部件。信誉剪板厂主要为夏利汽车厂剪裁车楼板、前后门板等。液化气站主要为全村农户提供液化气服务，周围村的村民也都到曹庄气站换气。汽车配件一厂分厂为微型汽车加工大发、夏利的配件。大华制灯厂为非洲、南美洲等地区加工制作提灯。

1989 年春，曹庄铸件厂率先倒闭。

1991 年，曹庄子村与日本丰田株式会社合资兴建天津丰田钢材加工有限公司，日方投资占股 70%，曹庄子村占股 30%。

1997 年，村办企业实行改制。除恒通酱菜厂、天马汽车配件、永强模具、医疗设备厂、华益纸厂转卖个体私人经营外，其他村办企业先后停产或倒闭。2008 年，信誉剪板厂于平房改造时停产。

（二）企业规模

1995 年，全村企业营业收入 7370 万元，现价总产值 15644 万元，现价增加值 2074 万元，利税总额 1137 万元，应缴各种税费 414 万元，工资总额 530 万元，职工 1459 人，固定资产原价 6599 万元，年末流动资产 2815 万元。其中，天马福利微型汽车零件加工厂年产值 540 万元，利润 87 万元。天津市色织十五厂 1995 年现价产值 1400 万元，利润 480083 元。

（三）行业结构

曹庄子村办企业行业结构依托中北镇汽车发展，以工业、汽车业为主，食品医疗为辅，包括汽车配件、医疗设备、电视机配件、酱菜加工、色织布、铸件、车床冲压、纸箱制造、电线拔丝、调料等相关行业。

（四）名优产品

20 世纪 90 年代，天津市色织十五厂生产的 40 府绸被纺织工业部评为部优产品。恒通酱菜厂生产的酱菜、调料被评为市优产品。

第二节 商 业

一、个体商业

历史上，个体商业是村内商业的主要形式。新中国成立前，曹庄子村内只有几家个体小商铺（小卖部），如许家果子铺、马家水铺、刘家豆腐坊、韩家乌豆、李家小铺、许大掌柜包子铺，外来的有文掌柜、李七等开的店铺。经营项目主要有食用油、食盐、酱、醋、煤油灯等生活必需品。针、线、布等多从行商处购买。地少或没有地的农户以贩菜、贩私盐和挑炭为生。

新中国成立后，随着供销合作社的成立，个体商业受到冲击，不少个体户倒闭。粮、油、棉、棉布等实行统购统销，个体商户有的转为代销，有的停业务农。

1958 年秋，在人民公社化的高潮中，商贩多数弃商务农。"文化大革命"开始后，个体商业被视为"资本主义尾巴"予以割除。

1983 年春，全国经济体制改革后，个体商业得以恢复和发展。全村先后开办 20 多家个体商铺，90 年代发展到 100 余家，主要集中在曹庄大街两侧。大街全街长约 800 米，两侧有农业用的生产资料销售点，小卖部、小超市，美容美发，五金交电；餐饮有炸果子、烙烧饼、蒸馒头、炸串摊等。早点铺子、风味小吃、经济小炒各具特色，是村民的主要消费点。2008 年，平房改造，曹庄子大街被拆除。

2000 年以后，曹庄子村的曹庄浴池（1997 年建）最为有名，周围村的村民多到曹庄浴池去洗澡，设置大厅、雅间、二楼休息区等。那时候的曹庄浴池经营规模最

曹庄浴池（李四君提供　2008 年）

大，该浴池于 2008 年平房改造时停业并拆除。

2012 年后，随着曹庄欣苑的建成，村内各类商铺兴起，饮食业、服务业、保健品通信、房产中介、保险等各类商铺一应俱全。

2014 年，村委会建设曹庄欣苑地下菜市场，市场摊位租赁给个人，内设蔬菜、肉类、水果、熟食、干货、大众浴池等，让村民不出小区就可以解决日常所需。

2018 年，曹庄子村小区内各种经营商户 60 余家。广江批发部、大海烟酒、鹏程酒家、飞翔花圃等商户已经营 10 至 20 余年，在中北镇都是小有名气的个体经营商户。

二、集体商业

（一）商业设施

2003—2004 年，曹庄子村投资 6300 多万元，兴建占地 130 亩、建筑面积 34165.74 平方米的天津交通职业学院宿舍楼等设施（一期工程宿舍楼 2 栋，服务楼一栋；二期工程宿舍楼 1 栋，教学楼 1 栋），租赁给学院使用，年租金 550 万元。

2010 年 9 月 1 日，中北生活服务区由中北镇政府交给曹庄子村集体经营。中北生活服务区建筑面积 2240 平方米，主要经营项目为房屋出租、物业管理、业务咨询。2013 年，全年收入 1300 万元。

2012 年春，曹庄欣苑北门对面投资兴建五层楼 5 号公建，建筑面积 17000 平方米。

2017 年，宝月母婴健康生活中心承租曹庄子万卉路招商，建筑面积 6600 平方米，占地面积 2850 平方米，年租金 300 万元。

2017 年，服务区宿舍楼 3 ~ 4 号楼由上海领昱公寓管理有限公司承租，建筑面积 11671 平方米，年租金 310 余万元。

（二）集贸市场

新中国成立前，村民一般去集市和庙会购买或者售卖数量较多的商品。对附近影响较大的集市要数杨柳青集和王庆坨集。镇村内有小稍直口的福寿宫庙会、邢庄子村西三教堂庙会、北四新庄关帝庙庙会，也是主要的贸易场所。

新中国成立后，集市对村内影响渐小，外出赶集的人已经不多见，大多数农民去天津市购物。

天津交通职业学院（朱德慧摄于2018年）

1983年蔬菜放开后，曹庄大桥已经形成小规模批发市场，周边的菜农把收获的各种鲜菜拉运到曹庄大桥进行交易。1992年，曹庄子村在村东（乱葬岗子）建成蔬菜批发市场1座，成为周边蔬菜的集结地。2000年，中北镇政府建曹庄花卉市场，将批发市场占用，迁至外环线东侧大卞庄村界内。2013年，曹庄欣苑西门增设改造4000平方米的曹庄欣苑地下菜市场。

五号公建（朱德慧摄于2018年）

三、租赁业

2003年，曹庄花卉市场即热带植物观光园，占地面积136320.68平方米，年租金1022400元。

2003年，晓霞五金弹簧厂承租曹庄子村土地面积4853.36平方米，年租金58240元。

2003年，曹庄子村一号厂房由银星电子承租，二层楼房建筑面积1490平方米，年租金255981元。

2005年，曹庄子村二号厂房由远科汽车部件承租，车间1栋，建筑面积1977平方米，全年租金30万元；2018年5月1日，由津洁天津纸业有限公司承租，年租金40余万元。

星光橡塑旧厂区（王秀增提供　2008年）

2005年，曹庄子村三号厂房由兆富科技发展有限公司承租，车间1栋1883.52平方米，年租金30万元。

2005年，曹庄子村四号厂房由华阳科技承租，车间、办公楼各1栋，建筑面积3445平方米，年租金60余万元。

导槽车间（王秀增提供　2008年）

2005年，曹庄子村五号厂房由华阳科技承租，仓库和办公楼各1栋，建筑面积6700平方米，年租金100万元。

2013年7月，村委会投资1.2亿元为星光橡塑建立新厂及办公楼，总建筑面积34617.65平方米，年租金700万元。

2013年，曹庄子村仓库由宏辉工贸有限公司承租，建筑面积2800平方米，年租金62万元。

2013年，曹庄子村仓库由宏辉工贸有限公司承租，建筑面积2800平方米，年租金62万元。

四、村集体年收入

2011—2018年曹庄子村经营性收入统计表

表5-2　　单位：万元

年份	2011年	2012年	2013年	2014年	2015年	2016年	2017年	2018年
收入	2262	2705	3235	3099	3200	4012.23	4559.23	4526.70

第三节 服务业

一、宾馆饭店

（一）喆·啡酒店

2012年，曹庄子村委会投资6000余万元，建设生活服务区二期写字楼1座，建筑面积13000平方米，地上12层地下1层，建成后作为酒店经营。2018年，完成喆·啡酒店室内改造、精装修工程、室外环境地面绿化硬化工程、消防工程以及水电煤气配套工程。

（二）七天快捷酒店

2016年，曹庄子村委会对服务区5号楼3000余平方米进行改造。改造后的七天快捷酒店共6层楼72个房间，由村委会和服务区自主经营。2018年，年营业额370余万元。

二、仓储物流

人民公社期间，交通运输为生产队集体性质。农闲时节，生产队派马车外出运

物流园（朱德慧摄于2018年）

货，增加收入。

1983年，农村实行家庭联产承包责任制以后，农民生活水平不断提高，村民开始购置小型货车、大型货车跑运输。也有村民购买出租汽车营业，增加收入。

1990年以后，许多村民先后购置挖掘机、水泥罐车。购买挖掘机的村民多在外地承包或者承揽土方工程，在上海浦东新区承包土方工程的挖掘机有30余部。在当地和外地跑运输的村民有100余户。

2003年，曹庄子村投资66231423元，建设占地108054平方米、建筑面积54543平方米的恒通物流园。该园开通全国货运专线，2006年由天津货运物流中心承租，年租金700万元以上。

三、其他服务业

1966年春，曹庄大队研究决定成立烘炉组、马掌组、绱鞋组、理发所、电工组、木工组、瓦工组，主要为农业生产服务。

（一）烘炉组

烘炉组的服务项目主要有为农业社员维修农具，有铁锨、锄锨、四齿、划拉子、锄刀子，同时维修损坏的小拉车、大马车，为社员焊盆架或其他零活。

（二）马掌组

马掌组共有3人，负责大队、生产队所有牲口钉掌的工作任务。

（三）绱鞋组

人民公社时期，农业社员生活水平低，大多买不起新鞋。鞋穿破了送到绱鞋组去修补，修好后接着穿。绱鞋组还负责为社员绱新鞋（只收手续费）。

（四）理发所

理发所由五男二女组成，负责为全村男女老少的理发，各有分工。有为男性理发的、刮脸的，有为妇女剪发的。社员一律免费。

（五）电工组

电工主要负责全村社员家庭的电线维修，大队各泵房电机、水泵的检修，田园、稻地临时架线，社员盖新房安装下线等几项工作。

（六）木工组

木工组于1966年春成立，隶属曹庄大队直接领导，主要是为农业、为村民提供服务。生产队时期，稻地沟渠打闸门由木工组负责。社员家盖新房，为他们打窗户、打门、打家具，如桌子、立柜、被格子等，后期负责打酒柜、高低柜、梳妆台等，按件数合理收费。

（七）瓦工组

曹庄大队于1966年成立瓦工组，由大队统一领导和管理。由各生产队挑选的社员组成，成员当中大部分具备专业技术，长年在外承揽土建工程。社员家盖新房，由瓦工组负责承建，收费标准为三间房120元。

1983年以后，曹庄子村成立恒通汽车修理厂，1997年承包给个体户。

1983年，除电工组外，以上各组织在农村实行改革后解散，电工组延续至今。

第六章　中共基层党组织
群团组织

曹庄子村于 1949 年 5 月成立第一个党支部，1999 年党支部升为党总支，2018 年 7 月党总支升格为党委。在近 70 年的时间里，村党组织积极带领共青团、妇联、民兵和工会等在不同历史时期积极发挥战斗堡垒作用，制定完善党组织的各项规章制度，积极开展党的各项路线方针政策学习教育，不断强化思想、组织、作风和民主法治建设，形成党员和群众和谐共处的良好局面。

第一节　党组织

一、沿革

（一）党支部

1949 年 1 月 15 日，天津全境及市郊农村均获解放，为发展党员，建立农村党组织创造了有利条件。同年 3 月，在中共天津县委的领导下，开展“四十天运动”（土地改革），其间，在贫雇农、贫下中农中发展党员。至 5 月，曹庄子村共发展 5 名共产党员，并成立曹庄子村第一个党支部。

（二）党总支部

1999 年 1 月，曹庄子村向镇党委申请成立曹庄子村党总支，党委批复后，成立村党总支，下设 3 个支部。

（三）党委

2018 年 3 月，曹庄子村党总支经镇党委批准升为村级党委建制，下设 6 个支部，有 207 名党员。

2018 年 9 月，曹庄子村党委第一届班子成员合影
左起：马学震、李忠海、李学海、宋桂强、王秀增、李四君、许绍光、李汝霜
（朱德慧摄）

历届曹庄子村党组织书记、委员任职一览表

表 6–1

任职时间	姓名	职务	备注
1949年5月至1953年6月	高金章	书记	—
	郭德祥	副书记	—
	卢金标	委员	1952年4月任书记
1953年6月至1958年3月	年建章	书记	大卞庄人，1954年5月任副书记
	张开富	书记	国家干部
	郭德祥	副书记	—
	卢金标	委员	—
	孙士文	委员	大卞庄人
1958年4月至1960年10月	王文香	书记	—
	卢金标	副书记	—
	李金柱	副书记	—
1958年4月至1960年10月	宋竹泉	委员	—
	黄秋成	委员	—
1960年10月至1965年10月	卢金标	书记	—
	赵佩元	副书记	—
	黄秋成	委员	任职到1964年12月
	邱孟祥	委员	任职到1964年12月
1965年10月至1966年10月	四清工作队管理		
1966年10月至1972年10月	牛绪海	书记	—
	赵佩元	副书记	—
	韩锡禄	副书记	1966年10月至1970年10月任职
	赵光华	副书记	1970年12月任职
	张绍森	副书记	1969年10月任职
	姜世昌	委员	—
	程民忠	委员	—
1972年11月至1984年3月	牛绪海	书记	—
	赵佩元	副书记	—
	赵光华	副书记	—
	程民忠	副书记	—
	姜树林	委员	—

续表 6–1

任职时间	姓名	职务	备注
1972年11月至1984年3月	候冠俊	委员	—
	李申海	委员	—
	闫玉福	委员	—
	李焕臣	委员	—
	王世义	委员	—
	刘文芬	委员	—
	杨玉森	委员	1976年4月至1979年12月
	董兰平	委员	1976年4月至1979年12月
	邢春雨	委员	1976年4月至1979年12月
1984年4月至1990年10月	张绍森	书记	—
	白云同	委员	1986年11月任副书记
	郭东民	委员	—
	赵文有	委员	—
	程月生	委员	—
	姜世昌	委员	—
1990年10月至1993年7月	张绍森	书记	—
	李云才	副书记	—
	庞庆山	副书记	—
	郭东民	委员	—
	丁玉华	委员	—
1993年7月至1999年1月	牛吉庆	书记	—
	李云才	副书记	—
	庞庆山	副书记	—
	李申海	副书记	管理十五厂
	白云标	副书记	管理剪板厂
	丁玉华	委员	—
	范玉杰	委员	—
	郭东民	委员	—
	黄宝贵	委员	
1999年1月至2002年8月	牛吉庆	书记	1999年1月升为党总支建制
	庞庆山	副书记	2002年6月至2002年8月代理书记
	黄宝贵	委员	—

续表 6–1

任职时间	姓名	职务	备注
1999年1月至2002年8月	赵书江	委员	—
	姜树立	委员	—
	牛吉刚	委员	—
	李四君	委员	—
2002年8月至2008年7月	王秀增	书记	—
	李文东	副书记	—
2002年8月至2008年7月	庞庆山	委员	—
	赵书江	委员	—
	宋桂强	委员	—
2008年7月至2012年8月	王秀增	书记	—
	李文东	副书记	—
	赵书江	副书记	—
	宋桂强	委员	—
	庞庆山	委员	—
2012年8月至2015年8月	王秀增	书记	—
	赵书江	副书记	—
	李文东	委员	—
	李学海	委员	—
	宋桂强	委员	—
2015年8月至2018年8月	王秀增	书记	2018年3月升为党委建制
	李文东	委员	2016年10月，因病去世
	李学海	委员	—
	宋桂强	委员	—
	李四君	委员	—
2018年8月至2018年12月	王秀增	书记	—
	李学海	副书记	—
	宋桂强	副书记	—
	李四君	委员	—
	许绍光	委员	—
	李忠海	委员	—
	李汝霜	委员	—
	马学震	委员	专职党务工作者

二、党务工作

（一）党员发展

新中国成立后，曹庄子村的组织建设不断发展和壮大，发展党员工作是党的建设中的一项经常性工作。为进一步做好新形势下党员发展工作，曹庄子村党总支根据《中国共产党章程》和《中国共产党发展党员工作细则》等有关规定，加强对入党积极分子的重点培养、重点发展等工作。

1949 年 5 月至 1965 年底，曹庄子村先后发展 31 名党员。

1966 年，“四清”运动中，发展 45 名以贫下中农为主的积极分子入党。党的基层组织不断壮大和发展，但由于“文化大革命”的冲击，当时的党组织受到严重的损失和破坏，陷于瘫痪状态。

1976 年 10 月，党中央拨乱反正，党的组织发展工作逐渐恢复正常。

1978 年 12 月，党的十一届三中全会以后，党的基层组织发展工作不断完善和更新。在培养入党积极分子和发展党员工作中，由过去以贫下中农为主体转为以农村技术人才和知识分子为主要发展对象，既提高基层党员的政治素质，又适应农村事业发展和经济建设的需要。

2000 年以后，曹庄子村党总支在培养入党积极分子、发展党员工作中，始终坚持高标准、严要求，把具备入党条件的积极分子吸收到党组织中来。至 2018 年，村中培养入党积极分子 30 多名，其中 29 名符合入党标准的积极分子被发展成为共产党员。这批新党员朝气蓬勃，在各自的工作岗位上发挥着共产党员的先锋模范作用。

（二）党员结构

截至 2018 年 11 月，曹庄子村党委下设 6 个支部、17 个党小组，有 207 名党员。其中，男性党员 152 人，占总人数的 73.4%；女性党员 55 人，占总人数的 26.6%；小学学历 11 人，占总人数的 5.3%；中专 33 人，占总人数的 15.9%；高中 32 人，占总人数的 15.4%；专科 31 人，占总人数的 15.0%；本科 16 人，占总人

党员入党宣誓（刘小磊提供）

数的 7.7%；其他学历 11 人，占总人数的 5.3%；20 ~ 29 岁党员 15 人，占总人数的 7.2%；30 ~ 39 岁党员 38 人，占总人数的 18.4%；40 ~ 49 岁党员 26 人，占总人数的 12.6%；50 ~ 59 岁党员 37 人，占总人数的 17.9%；60 ~ 69 岁党员 42 人，占总人数的 20.2%；70 ~ 79 岁党员 30 人，占总人数的 14.5%；80 ~ 89 岁党员 17 人，占总人数的 8.2%；90 ~ 99 岁及 99 岁以上党员 2 人，占总人数的 0.97%。

一支部有 39 名党员，李学海任支部书记，马学震、姜金波任支部委员；二支部有 40 名党员，李汝霜任支部书记，王秀林、马学浩任支部委员；三支部有 40 名党员，李四君任支部书记，于凤艳、朱德慧任支部委员；四支部有 39 名党员，李忠海任支部书记，许绍光、刘小磊任支部委员；五支部有 38 名党员，宋桂强任支部书记，田国友、庞庆玉任支部委员；丰田钢材党支部有 11 名党员，姜立志任支部书记，刘苓、白宝森任支部委员。

2018 年 11 月曹庄子村第一党支部党员情况表

表 6–2

姓名	性别	姓名	性别	姓名	性别
曹广海	男	宋建军	男	王世明	男
程民文	男	宋泽兴	男	张绍森	男
程民义	男	王春梅	女	邢春雨	男
程淑惠	女	王瑞林	女	宋家香	男
赵学华	女	王瑞兴	男	邢春英	女
范玉洁	女	王秀增	男	祁秀珍	女
李国亮	男	程铁忠	男	马家兰	女
李连春	男	徐健	男	马学震	男
庞庆山	男	薛恩芹	女	牛吉刚	男
李学海	男	于淑焕	女	牛庆林	男
刘涛	男	赵文太	男	宋春祥	男
马家顺	男	赵锡全	男	姜金波	男
马秀军	男	刘世洪	男	马秀霜	男

2018 年 11 月曹庄子村第二党支部党员情况表

表 6–3

姓名	性别	姓名	性别	姓名	性别
刘洪春	男	王立功	男	胡忠南	男

续表 6-3

姓名	性别	姓名	性别	姓名	性别
程志刚	男	王秀林	男	宋振奎	男
戴玉全	男	肖丽	女	闫玉福	男
丁乃荣	女	杨伯甫	男	王敬芝	女
董兰平	男	杨玉森	男	付立华	女
牛广智	男	杨玉树	男	郭玉兰	女
谷开生	女	张学明	男	景忠兰	女
侯月苓	男	张学胜	男	董兰起	男
黄金岭	男	赵文有	男	宋金荣	女
姜世昌	男	李妍	女	邢桂玲	女
李汝霜	女	马学浩	男	牛绪旺	男
罗群祥	男	马家群	男	宋君	男
李学芬	女	牛庆森	男	宋建华	男
王洪旺	男	—	—	—	—

2018 年 11 月曹庄子村第三党支部党员情况表

表 6-4

姓名	性别	姓名	性别	姓名	性别
程学彬	男	杨环	女	张国栋	男
王学龙	男	宋家利	男	赵巨奎	男
于凤艳	女	卢建锋	男	解秀娟	女
王桂忆	男	李洪文	男	李春荣	女
王学凤	男	李四祥	男	高学平	男
王立和	男	程学惠	女	刘学平	男
王学来	男	郝金敏	女	侯冠俊	女
邢桂连	男	侯丹青	女	汪凤敏	女
王德山	男	王庆森	男	宋来友	男
于丽兰	女	赵光新	男	张朋春	女
朱德慧	男	黄宝贵	男	白宝洋	男
白云华	男	黄登连	男	马学忠	男
高金龙	男	江彬	男	李云才	男
李四君	男	—	—	—	—

2018年11月曹庄子村第四党支部党员情况表

表6–5

姓名	性别	姓名	性别	姓名	性别
赵书江	男	许绍民	男	赵洪旺	男
赵文琴	女	杨齐军	男	杨明起	男
金学鑫	男	牛吉成	男	赵喧彤	男
于尚起	男	牛吉文	男	牛广权	男
张学江	男	牛英力	女	杨红旗	男
赵莹	女	马阿敏	女	马家秀	女
刘小磊	男	马家芬	女	张绍桐	男
王春刚	男	李允刚	男	孙柏苓	女
王立花	女	李忠海	男	刘世英	男
黄爱全	男	刘桂兰	女	华长云	女
姜树林	男	马家智	男	赵洪林	男
李金荣	女	李平	女	张志慧	女
张学彬	男	李建和	男	许绍光	男

2018年11月曹庄子村丰田钢材党支部党员情况表

表6–6

姓名	性别	姓名	性别	姓名	性别
马辉	男	姜立志	男	白宝祥	男
李桂生	男	马世伟	男	李建龙	男
黄金泉	男	白宝森	男	肖颖	女
邢桂江	男	刘苓	女	—	—

至2018年12月曹庄子村已故中共党员情况表

表6–7

姓名	性别	姓名	性别	姓名	性别	姓名	性别
郭东民	男	孙士华	女	刘文芬	女	李明德	男
李忠林	男	刘子云	男	赵金山	男	白云标	男
马学仁	男	牛绪海	男	赵光仁	男	王世义	男
田元成	男	芦金标	男	刘文芬	女	赵光珍	女
李焕平	男	马维信	男	刘尊芹	女	李禄英	男
牛启洪	男	王桂兰	女	宋来聚	男	丁玉华	男
牛绪华	男	郭德祥	男	王恩洪	男	程月华	男

续表 6–7

姓名	性别	姓名	性别	姓名	性别	姓名	性别
庞同才	男	王恩元	男	冯明华	女	庞同发	男
孙月荣	女	黄秋成	男	马维襄	男	韩锡禄	男
白宝奎	男	李世功	男	马玉书	女	张立领	男
李文东	男	程民芳	男	程民忠	男	李顶文	男
李焕臣	男	邱孟祥	男	赵佩元	男	张绍祥	男
白云同	男	高金章	男	贾金兰	女	于维和	男
薛恩茹	女	赵光玉	男	宋竹泉	男	张秀兰	女
王世生	男	王茂	男	牛绪奎	男	杨存本	男
郝顺琴	女	白宝祥	男	—	—	—	—

注：经查证、走访，共统计已故党员 62 名。

曹庄子村历届乡、镇党代表一览表

表 6–8

级别	时间	出席代表	备注
第一届	1959年6月	王文香、卢金标、郭德祥	—
第二届	1966年9月	牛绪海、赵佩元、韩锡禄、赵光珍	韩锡禄被选为大稍直口公社党委委员
第三届	1971年1月	牛绪海、李森海、候冠俊	—
第四届	1988年1月	张绍森、姜世昌、范玉杰	—
第五届	1991年1月	张绍森、庞庆山、范玉杰、郭东民、丁玉华、白云标、郝顺琴、杨红旗、李森海、姜世昌	—
第六届	1994年1月	牛吉庆、李云才、范玉杰、庞庆山、丁玉华、郭东民、白云标	—
第七届	1997年1月	牛吉庆、丁玉华、赵书江、黄宝贵、闫福敏、范玉杰	—
第八届	1999年12月	牛吉庆、丁玉华、赵书江、范玉杰、李森海	—
第九届	2001年12月	牛吉庆、宋桂强、赵书江、赵学华	—
第十届	2006年10月	王秀增、庞庆山、宋桂强、李文东、赵学华、许绍民	—
第十一届	2011年11月	王秀增、宋桂强、李四君、赵书江、赵学华、许绍民	—
第十二届	2016年11月	王秀增、宋桂强、李四君、许绍民、李汝霜	—

（三）思想教育活动

1. 新中国成立初期的村党组织思想教育活动

1949 年 5 月，曹庄子村成立第一个党支部，村党组织带领农民建立农村政权，开展土地革命、“土改补课”，废除封建土地制度，实现耕者有其田，解放生产力，促进农业生产发展和经济发展。

1958 年 8 月，社员在村党组织的带领下积极开展“总路线、大跃进、人民公社”建设社会主义教育活动，有力地促进农业生产全面发展。

2. 改革开放后村党组织思想教育活动

党的十一届三中全会后，党组织在上级党委的正确领导下，全面深化农村改革，实行家庭联产承包责任制，组织党员群众学习中央文件精神，要求党员带头致富。坚持“三会一课”制度，每月 15 号为党员学习活动日，推行党员联系户（每名党员 3 ~ 5 户）制度。

1985 年，根据中共中央的整党决定，村党组织按照乡党委部署，组织全体党员认真学习、深刻领会此次整党的重要性和迫切性，提高思想认识，开展批评和自我批评，开展谈心谈话，召开组织生活会，坚持边整边改，使整党活动取得较好的效果。

1990 年，村党支部建成 240 平方米的党员活动室，坚持党员活动日，实行党员联系户制度，活动情况有考核、有记录，并逐月上墙公开。年终进行总结，开展党员评议活动，对每个党员做评价，使每个党员对自己的合格程度心中有数。

1991 年 4—6 月，开展社会主义思想教育活动，党员干部群众受教育率达到 100%，组织党员到西柏坡参观学习，激发党员的爱党爱国热情。

3.21 世纪初期教育活动

2002 年以后，主要学习党的十六大精神和十六届三中、四中全会精神，党总支要求每个党员必须学懂弄通精神要领，把理论学习和科学种田结合起来，种好田，收好菜，丰富市民的“菜篮子”。

2007—2012 年，党总支在组织党员认真学习党的十七大、十八大精神的基础上，不断创新和完善党日活动的内容。尤其在 2016 年 2 月，党中央号召在全党深入开展“学党章党规、学系列讲话，做合格党员”的“两学一做”学习教育。通过“两学一做”学习教育，使每个党员对学习的重要性有了进一步的认识和提高，在学习和工作中争做“四讲四有”的合格党员。

2013 年，开展党员“网格化”管理工作，制定《曹庄子村党员星级管理考核评定细则》，使党员可按照细则规范自身行为。

2014 年，村党总支按照镇党委的统一部署，把开展教育实践活动作为改进作风、加强党建的机会，高标准组织谋划活动开展。

2015 年，开展“三问三讲三争做”专题教育学习活动。两委班子成员和党员按照学习的要求，深刻剖析自身，更好地发挥党员先锋模范作用。曹庄子村召开全面落实党风廉政建设主体责任会议，认真学习《关于落实党风廉政建设主体责任和监督责任的意见》和《天津市违反党风廉政建设责任制责任追究暂行办法》，联系“党员承诺制”“党情连万家”“四个一百”，坚持走群众路线不动摇，并召开党总支组织生活会，确保“三严三实”专题教育取得扎实具体的成效。

2016 年，村开展“两学一做”学习教育。从动员部署阶段到第四阶段专题讨论会的完成，以“四讲四有”合格党员作为一条主线，贯穿始终。联合镇纪委承办两次法规知识竞赛。以习近平总书记的“七一”讲话“不忘初心、继续前进”为核心，用老党员切身体会讲好“永远跟党走”特色党课。缅怀革命先烈，在烈士墓前重温入党誓词，文明祭扫烈士陵园。深入领会习近平总书记在纪念红军长征胜利 80 周年大会上的讲话，组织党员参观“纪念红军长征胜利 80 周年”展览。

开展“三严三实”专题教育（刘小磊摄于 2015 年）

2017 年，村坚持“两学一做”学习教育常态化制度化，召开第一阶段“增强‘四个意识’，坚决维护和捍卫习近平总书记的核心地位”、第二阶段“坚持‘四个服从’以坚毅如铁的信念诠释对党绝对忠诚”、第三阶段“学习贯彻党的十九大精神，在推进城市化、全面建成更高水平小康社会中干事创业担当作为”、推进“两学一做”学习教育常态化制度化，深入学习贯彻党的十九大精神的 4 次专题讨论会；组织召开学习贯彻区第十一次党代会精神宣讲报告会、“牢固树立‘四个意识’主题宣讲”报告会，对市十一次党代会会议精神进行宣讲。

中北镇曹庄子村党的十九大精神宣讲小分队集中宣讲
（刘小磊摄于 2017 年）

2018 年 9 月中北镇曹庄子村“两学一做”学习教育动员部署会（朱德慧提供）

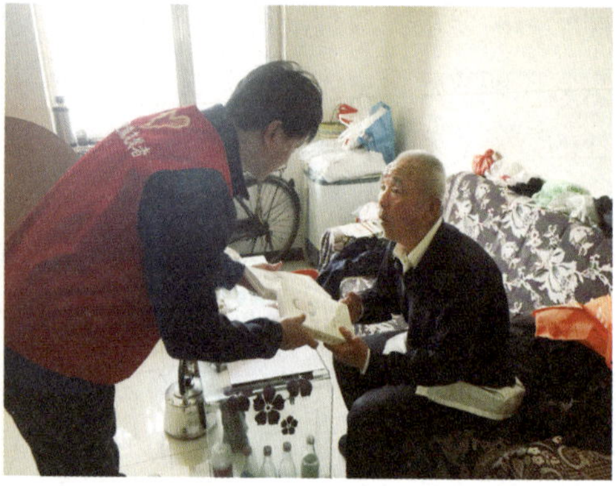

2018 年 4 月 7 日，为老党员送学习资料（朱德慧摄）

2018 年，村践行“两学一做”长效化学习机制，以“维护核心、铸就忠诚、担当作为、抓实支部”为抓手，组织党员收看学习习近平在纪念马克思诞辰 200 周年大会上发表的重要讲话，和在庆祝改革开放 40 周年大会上的重要讲话，学习《习近平谈治国理政》《习近平新时代中国特色社会主义思想三十讲》，开展情景党课——组织党员参观尔王庄镇冯家庄村党史馆，感受学习党的发展史。

三、纪律检查

在西青区委、中北镇党委的领导下，党组织书记任曹庄子村党组织第一责任人，十几年来，紧紧依靠全体党员和全村村民，认真履行党的纪律检查和行政监察职能，进一步加强党风廉政建设，坚持不懈地开展反腐败斗争，维护全村的改革发展和社会稳定。为督促党员干部少犯错误，不违法违纪，党组织严格执行区、镇纪委下发的一系列规章制度，并在党员大会、党小组会议上进行讲解，不断加强约束机制，规范党员干部行为，把党风廉政建设、法律法规作为重要学习内容。村务公开大会半年召开一次，村两委班子成员进行述职述廉，向党员和村民代表报告工作完成内容和学习情况，不断提高遵纪守法和公正公开的工作意识。十几年来，村两委班子没有出现违纪违法行为，群众满意度不断提升。

第二节　群团组织

一、共青团

（一）组织

新中国成立前，中国共产主义青年团称为青年抗日先锋队，新中国成立后改称为中国新民主主义青年团。1957 年 5 月，改称为中国共产主义青年团。

解放后，曹庄子村发展了几名进步青年加入团组织，之后曹庄子村成立团支部。

1950 年至今曹庄子村历任团支部书记一览表

表 6–9

任职年份	姓名	职务	备注
1950—1955	王文香	书记	—
1955—1958	王宗泽	书记	—
1958—1962	赵文林	书记	—
1962—1964	邱孟祥	书记	—
1964—1965	张绍森	书记	—
1965—1969	黄金领	书记	—
1969—1973	姜树林	书记	—
1973—1976	李云才	书记	—
1976—1979	董兰平	书记	—
1973—1985	高学平	书记	1979年任区团委委员
1985—1991	黄宝贵	书记	—
1991—1999	宋桂强	书记	—
1999—2015	李四君	书记	—
2015—2018	程龙	书记	—
2018	马学震	书记	2018年9月改为团支部

2015年以后，曹庄子村团支部重视团员发展工作，确保发展团员质量，为党组织输送高素质的接班人。在发展工作中，重视做好培养考察工作，使其符合程序，手续完备，材料规范，并根据《中国共产主义青年团章程》《中国共产主义青年团发展团员工作细则》要求，加强对青少年的教育考察。曹庄子村团支部逐步构建以网格化为基础的区域化团建工作格局，在网格内有针对性地开展活动，进一步加强基层基础工作，曹庄子村实现团组织全覆盖。

（二）活动

曹庄子村团支部在上级团组织和村党总支的正确领导下，在发展社会主义市场经济的进程中，注重提高团员青年队伍的素质，调动青年的积极性、创造性，注重挖掘广大青年的智慧和潜能，注重为团员成长、成才服务，采取一系列措施，取得良好的社会效益和经济效益。

1. 思想政治建设

加强爱国主义教育，帮助青少年树立远大理想和坚定信念是青年政治工作的核心内容。几十年来，曹庄子村团支部紧紧围绕爱国主义这条主线，开展政治思想教育。

1996年，在全体团员中开展“学理论、读好书”活动，并参加上级团委举办的“学理论、读好书”知识竞赛活动。

1997—1999年，开展18岁成人教育活动，举办“知西青、爱家乡、建功业”主题活动和“学英雄，树新风”主题活动。同时开展“四心六爱”、崇尚科学反对邪教的活动。

2003年，在抗击“非典”、共建美好家园的活动中，广大团员青年积极配合村党支部开展宣传活动，发挥了团员青年的骨干作用。

2004—2005年，在全村团员青年中深入开展以“三个代表”重要思想为主要内容的教育活动。学习使广大团员的政治觉悟明显提高，鼓励他们爱岗敬业，在各行各业发挥先进作用。

2010年，在中北镇“实现三年倍增，造福中北人民”第二届辩论赛中，曹庄子村获得第二名，并在9月参加镇DV摄影比赛中取得第二名的成绩。

2011年，在参加镇“‘百团创先’青春建功十二五”第三届辩论赛中，曹庄子村取得较好成绩。

2012年4月，曹庄子村团支部获“西青区五四红旗团支部”荣誉称号。

2015—2017年，开展学习习近平新时代中国特色社会主义思想和党的十九大精神，进行《中国共产主义青年团章程》学习和解读，团干部和团员围绕“如何学习贯

2018年11月20日，团支部集中学习先进模范活动，观看《时代楷模》（朱德慧摄）

彻习近平新时代中国特色社会主义思想”这一主题，开展分组交流和讨论，结合自身生活与工作交流心得。围绕“践行新思想、拥抱新时代”的主题，牢牢把握习近平新时代中国特色社会主义思想这条主线，组织团员集中学习党的十九大精神，按照“三会两制一课”规定，结合组织生活会开展团员年度教育评议。

2018年10月11日，村召开团员大会，村团支部为深入学习领会习近平总书记在同团中央新一届领导班子成员集体谈话时的重要讲话精神，抓好团的十八大精神学习宣传贯彻工作，切实将曹庄子村广大团员青年的思想认识统一到团的十八大确定的目标任务上去。

2. 文明示范活动

1996年，曹庄子村团支部组织成立以团员为骨干、青年积极分子参加的共青团志愿服务团队。他们利用业余时间，清扫村内的卫生死角，帮助五保户和孤寡老人打扫卫生，得到好评。

2003年，团青年志愿者协助党支部村委会做好防治“非典”的站岗放哨、消毒、查体、宣传等工作，团员青年志愿者的文明示范活动得到村民的赞许。

2018年10月12日，曹庄子团支部开展“忠诚报国、担当奉献，为实现强国梦贡献力量”主题活动。活动中，村团支部团员青年认真学习习近平总书记的系列讲话精神，制订并确定了今后工作、学习的标准和方向。

3. 荣誉

1978年，村团支部被团市委评为先进集体，奖励电视机1台。

1980年，村团支部获评全国先进集体。

2000年，村团支部被评为区级红旗团总支。

2001年，村团支部被评为市级红旗团总支。

2002年，村团支部被评为区级三星团总支。

2003 年，张玉起被评为天津市十大杰出青年农民。

2004 年，张玉起获“天津青年五四奖章”。

2006 年，张玉起被评为天津市“农业产业化带头人”。

2009 年，曹庄子村获镇“三年倍增”辩论赛第三名。

2010年，村获镇“三年倍增”辩论赛第二名，DV 比赛第二名，演讲比赛第二名。

2010 年，村参加镇运动会，获第二名；参加歌咏比赛，获第二名。

2011 年，村参加镇歌咏比赛，获第一名。

二、妇联

（一）组织

天津解放后，曹庄子村被划为天津县第五区，1952 年 12 月率先成立村妇联会。妇联会成立后，积极配合党的中心工作，发挥妇女作用，投身土改工作。妇联发动妇女，宣传男女平等、婚姻自由，提倡男女同工同酬，号召妇女积极参加互助合作等，起到党的助手作用。

1978 年 12 月，党的十一届三中全会以后，妇女工作的重心转移到改革开放和经济建设上来，积极投入地方的各项社会事业，举办妇女学科学、学技术、学文化、学企管培训班，提高广大劳动妇女的素质。

2018 年 9 月 8 日，曹庄子村妇女第二次代表大会召开。选举产生曹庄子村妇女联合会第二届执行委员会委员 7 名，分别是白雪、何娟、刘苓、李汝霜、庞庆玉、王玉琴、王庆雪。随后，曹庄子村妇联第二届执行委员会第一次全体会议召开，选举产生主席李汝霜，专职副主席白雪，兼职副主席何娟。

（二）活动

在土地改革、互助组、初级社、高级社、人民公社各个时期，曹庄子村广大劳动妇女充分发挥“半边天”作用。几十年来，妇代会在村党支部的正确领导下，努力提高广大妇女的基本素质，充分挖掘广大妇女的聪明才智，在改革开放和现代化建设的伟大实践中充分发挥“半边天”作用。

1. 思想政治教育

多年来，曹庄子村妇代会始终将对妇女的思想政治教育当成一件大事来抓。2000 年以后，村妇联以围绕农业调整结构，帮助农村妇女增收致富为目标，深化“双学双比”活动；加大培训力度，举办各类实用技术培训班，如成真化妆用品公司在市场竞争中，女工们苦练基本功，以质量求生存，以优品求效益，不出残次品，赢得外商的

2018 年 3 月 12 日，曹庄子村开展“巧手串珠制作美丽人生”“三八”妇女节主题活动（李汝霜提供）

信赖及厂家的信誉。

2. 精神文明创建活动

2010—2012 年，妇联经常组织妇女小组骨干成员及组长，宣传党和政府计划生育的方针、政策、法律法规，宣传计划生育和生殖健康的科学知识，帮助广大群众解决生产、生活、生育中遇到的实际困难，热心化解群众家庭中发生的各种矛盾和纠纷，为保证育龄妇女的身体健康，坚持每年为妇女开展 4 次体检，2 次大检查。3 年来，曹庄子村查出有疾病的育龄妇女 300 余人，并使其得到及时有效的治疗。

2013 年，曹庄子村计生协会积极开展生动活泼的宣传教育和倡导活动，张贴宣传画报，利用电子屏幕宣传计划生育知识和政策。村邀请区妇联主席到曹庄子村计生会议室开展天津市民心工程大讲堂，进行学习经验交流。

2016 年，村妇联组织妇女开展丰富多彩的健身体育活动，健身操队、舞蹈队活跃在小区的多处场地。在区妇联举行的庆“三八”妇女节和体育局举行的健身操比赛中，均取得第一名的成绩。

2017 年，村妇联组织妇女开展家风家训活动、婚前健康和优孕知识教育，联合宝月月子服务中心在小区内组织开展孕前优生知识宣传活动，让小区居民进一步学习婚育知识。

3. 荣誉

1978 年，李洪珍获得全国三八红旗手称号。

1983 年，范玉洁获得全国三八红旗手称号。

1984 年，边世荣、邢春英获天津市三八红旗手称号。

2001 年，李世竹被评为天津市“双学双比”能手。

2004 年，任志清被评为天津市“文明市民”。

三、工会

（一）组织

工会是代表和维护职工合法权益的群众团体。它的任务主要是通过职工代表大会形式参加本单位民主管理和民主监督。1990 年以前，曹庄子村村办企业未设立工会组织，1990 年以后，村办企业和合资企业相继成立工会组织。

2016 年 12 月曹庄子村区域（行业）企业工会一览表

表 6–10

单位	法人代表	会员数（人）
天津市广博高新园艺有限公司	付顺利	10
天津市广博高达苗木培育有限公司	付顺利	10
天津咸润劳务服务有限公司	咸龙祥	10
天津花之富花卉销售有限公司	王学旗	5
圣基恒信（天津）汽车工艺装备科技有限公司	余锦平	6
天津市鼎盛永强汽车配件有限公司	赵宝礼	19
天津市润和投资发展有限公司	邢树和	7
天津市津西兴达钢管厂	李世兴	16
天津市大毅汽车配件有限公司	尹继勇	10
天津市凯逸园林工程有限公司	王冬利	2
天津民生消毒剂有限公司	阎国瑞	10
天津市环洁工贸有限公司	王秀华	10
天津市宝利群汽车零部件有限公司	马彦群	24
天津牧城物流有限公司	尹雪峰	20
天津德通物流有限公司	贾东春	10
天津市鼎盛鑫达汽车配件有限公司	孙井阶	3

续表 6–10

单位	法人代表	会员数（人）
天津市恒通达轮胎有限公司	杨淑兰	5
天津市恒通达物流有限公司	王秀增	8
天津市鸿福物流有限公司	杜瑜鸿	2
天津市西青区鑫铭宇物流有限公司	赵淑勤	2
天津好运通广告传媒有限公司	刘嘉欣	2
天津市信誉旺物业管理有限公司	李四君	60
天津市淏源物业管理有限公司	赵娜	105

（二）活动

2015—2018 年，曹庄子村工会落实引导职工群众听党话、跟党走的政治责任，更广泛更紧密地把基层职工群众组织起来，厚植党执政的阶级基础和群众基础。组织学习宣传贯彻党的十九大精神，让党的声音进企业、进车间。

曹庄子村工会按照“三清”“三抓”的工作方法有效开展集体协商，即摸清企业建会情况，摸清企业经营情况，摸清企业协商情况，抓新建会企业建立协商制度，抓已建会企业规范协商程序，抓典型企业增进协商效果，发挥示范引领作用，扩大集体协商的实效性和覆盖面。曹庄子村工会重点抓好集体合同和劳动合同履行、社会保险制度建立等重点指标，督促企业查漏补缺，助推区域劳动关系和谐稳定。

曹庄子村工会严格落实党风廉政建设责任制，切实履行主体责任和“一岗双责”，认真落实《关于新形势下党内政治生活的若干准则》《中国共产党党内监督条例》和

2018 年 9 月 8 日，曹庄子村第五次工会会员代表大会召开并完成换届选举工作（宋桂强提供）

中央八项规定精神，严明政治纪律和政治规矩，严肃党内政治生活，进一步坚定理想信念、宗旨意识和组织纪律观念，强化群众观点和从严治党要求，更好地发挥党联系职工群众的桥梁纽带作用。

四、协会

（一）农民协会

农民协会是土地改革时成立的农民群众组织。1949 年和 1951 年，曹庄子村曾两次进行土地改革，在土地改革时成立以贫下中农为主体的农民协会。曹庄子村大部分的贫下中农参加农会组织，在土改时起到重要作用。土改工作结束后，农会完成历史使命。

（二）贫下中农协会

贫下中农协会是 1965—1966 年“四清”运动期间的群众团体，是“四清”运动中帮助村干部的力量，在干部生产管理方面曾起到助手作用。

1966 年 10 月，“四清”工作队撤出后，贫下中农协会结束了它的历史进程。

（三）老年人协会

1985 年，曹庄子村委会成立老年人协会。村委会主任兼任会长，设常务副会长 1 人，副会长 3 人。凡该村退休人员均为协会会员，协会制定会员章程。根据全村的社会治安秩序情况，协会组建由退休老党员和老干部及群众为骨干的治安巡逻队。队员们左臂佩戴“老年巡逻队”红袖章，采取不定时不定点的方式巡逻。

“全国老有所为先进集体创新奖”奖章
（李云才提供　2017 年）

1992 年，曹庄子村老年协会获“全国老有所为先进集体创新奖”。

第七章　村政组织

1949 年 1 月，天津解放，1949 年 6 月，曹庄子村成立曹庄子村公所，组织开展土地改革运动。1963 年实行“三级所有、队为基础”的经济管理体制后，大队管理委员会代行村政组织职权，延续到 80 年代初。1983 年，曹庄子村生产大队管理委员会改建为村民委员会（以下简称村委会）。

改革开放后，村委会积极探索创新村民自治途径和方法，推行民主选举、民主决策、民主管理和民主监督。进入 21 世纪，村民自治工作逐渐走向规范化，严格落实“六步”决策法，坚持重大决策由村民代表大会表决决定，村民监督委员会在村务工作中的作用越来越明显，村民自治不断完善，集体经济收入不断发展壮大，全村社会治安秩序保持良好，群众满意度大幅提升。

第一节　村委会沿革

一、村公所

1949 年 1 月，天津解放，6 月曹庄子村公所成立。

二、生产大队

1963 年 1 月 11 日，划分为大稍直口人民公社曹庄子生产大队。

1966 年 10 月 10 日，大稍直口公社改为“九一九”人民公社，继续称为曹庄子生产大队。

三、村委会

1983 年 6 月，“九一九”公社改为“九一九”乡，曹庄子生产大队改为曹庄子村民委员会，大队长改为村主任。

1984 年 7 月 12 日，“九一九”乡改为中北斜乡，继续称曹庄子村委会。

1997 年 3 月 10 日，中北斜乡更名为中北镇，继续称曹庄子村委会。至 2018 年，继续称曹庄子村民委员会。

1949—2018 年曹庄子村村政负责人一览表

表 7-1

组织名称	时间	姓名	职务	任职时间	备注
曹庄子村公所	1949年5月至1953年6月	张作文	村长	1949年5月至1950年5月	
		马维坛	村长	1950年6月至1951年12月	
		郭德祥	村长	1952年1月至1953年6月	
	1953年7月至1958年3月	由曹庄子乡党委管理			
曹庄子村生产大队	1958年4月至1982年12月	卢金标	大队长	1958年4月至1960年12月	—
		赵佩元	大队长	1961年1月至1982年12月	
		李申海	副大队长	1972年11月至1978年12月	
		李焕臣	副大队长	1974年11月至1978年12月	
		李宗林	副大队长	1977年8月至1979年12月	
曹庄子村革委会		牛绪海	主任	1968年3月至1971年2月	
曹庄子村委会	1983年1月至1990年9月	程民忠	主任	1983年1月至1984年12月	—
		赵文有	主任	1985年1月至1987年3月	
		郭东民	副主任	1985年1月至1987年3月	
		姜世昌	主任	1987年4月至1988年4月	
		程月生	主任	1988年5月至1990年9月	
		许绍民	副主任	1989年4月至1989年12月	
	1990年10月至1999年12月	李云才	主任	1990年10月至1996年12月	之后由庞庆山任职
		郭东民	副主任	1990年10月至1998年10月	—
		程铁忠	副主任	1990年10月至1993年8月	—
		张立领	副主任	—	—
		丁玉华	副主任	1990年10月至1999年12月	—
	1999年6月至2003年7月	庞庆山	主任	1997年1月至2003年7月	—
		姜树立	副主任	—	—
		牛吉刚	副主任	—	—
		宋桂强	委员	—	—
		李四君	委员	—	—
		赵学华	委员	—	—
		赵书江	委员	—	—
	2003年7月至2008年7月	王秀增	主任	—	—

续表 7-1

组织名称	时间	姓名	职务	任职时间	备注
曹庄子村委会	2003年7月至2008年7月	李学海	委员	—	—
		宋桂强	委员	—	—
	2008年7月至2012年9月	王秀增	主任	—	—
		李学海	副主任	—	—
		宋桂强	委员	—	—
		李四君	委员	—	—
		赵学华	委员	—	—
	2012年9月至2015年9月	王秀增	主任	—	—
		李学海	副主任	—	—
		宋桂强	副主任	—	—
		李四君	委员	—	—
		赵学华	委员	—	—
		程龙	委员	—	大学生村官
	2015年9月至2018年9月	王秀增	主任	—	—
		李学海	副主任	—	—
		许绍光	委员	—	—
		李忠海	委员	—	—
		李汝霜	委员	—	—
		程龙	委员	—	大学生村官
	2018年9月至至今	王秀增	主任	—	—
		李学海	委员	—	—
		李忠海	委员	—	—

第二节　村民自治

一、民主选举

1949 年 5 月至 1999 年，村公所村长、生产大队队长、村委会成员均由村书记推荐至乡镇政府，经考察通过后上任。1961—1983 年，各阶段生产队副大队长、生产

2018 年 8 月 16 日，曹庄子村第十届村民委员会换届选举现场，镇工作人员统计选票、唱票（李淑起摄）

队队长、妇女队队长、小队长由各队社员推选，生产大队队长任命。1999 年 6 月开始，曹庄子村按照镇政府工作部署及选举办法进行公开选举，进行曹庄子村第四届村委会换届选举工作，村民公开投票选举村委会班子成员，每 3 年一届。每届村委会换届在党组织换届之后进行。

二、民主决策

21 世纪初，根据村实际情况推行村级重大事项“六步决策法”（参见附录），村委会严格执行重大事项“六步决策”法，严格按照程序依法依规执行，决策程序民主化，村里研究事项、决定事项，先由村委会提出方案，再召开村民代表会议进行民主决策。

三、民主监督

1998 年 11 月，全国人大常委会通过的《中华人民共和国村民委员会组织法》中，对村民委员会实行村务公开制度做出规定。曹庄子村历届党组织、村委会、村务监督

2018 年 1 月 27 日，张贴 2017 年全年村财务收支情况及公务公开报告（刘小磊提供）

2018 年 1 月，新一届两委班子成员在村务公开大会上述职（刘小磊提供）

委员会积极贯彻执行村务公开制度，即每半年进行一次公开，年终进行一次全年的党务、村务、财务公开，以张贴宣传栏公布为主，保障村民知情权，接受村民的监督。

四、民主管理

（一）章程修订

为依法实行村民自治，推进民主选举、民主决策，实现自我管理、自我服务，曹庄子村根据上级民政部门及党建部门工作指导，2008年后，制定《曹庄子村民自治章程》。该章程依据《中华人民共和国宪法》《中华人民共和国村民委员会组织法》及国家有关法律、法规，结合本村各阶段实际，经村民代表会议讨论修订和全体村民表决通过草案后实施。2018年，开始修订曹庄子村《村规民约》。《曹庄子村民自治章程》和《村规民约》随村委会、村民代表换届后每三年修订一次。

（二）村民代表换届

2018年9月28日，村党委书记王秀增、副书记宋桂强组织开展第十届村民代表培训工作（刘小磊摄）

实行村民自治是在党的现行政策和国家法律规定的范围内，村内各类组织和各项工作自觉接受党组织的领导。在村党组织的领导下，由村民委员会具体组织实施，村民代表会议监督执行。曹庄子村从1999年以后有了比较正规的村民代表组织，每届村委会换届后进行村民代表选举。平房时按照胡同进行划分，每15～30户选举一名村民代表。1983—1999年，第一、二、三届均未推选，1999年正式有村民代表。1999年，换届产生第四届代表40余人。2003年，换届产生第五届代表51人，至2008年两届连任。2012年以后，村民代表先以楼房划分，党员和群众按比例进行公开选举，进行村民代表换届。2008年以前，由于村委会搬迁无法查证。2008年，换届产生第七届村民代表63人。2012年9月，换届产生第八届村民代表62人，其中党员26人、妇女代表22人。2015年9月，换届产生第九届村民代表68人，其中党员31人、妇女代表26人。2018年9月，换届产生第十届村民代表77人，其中党员40人、群众37人，妇女代表32人。

第三节 人大代表 政协委员

一、人大代表

人大代表的产生要经过严格的法律程序，肩负着相应的法定职责。代表着人民行使当家做主的权利，人大代表是广大人民群众依法选举产生，是参与区、镇事务的代表者。

（一）镇级人大代表

1954—2018年，曹庄子村书记、班子成员、村民先后有40余人当选镇级人大代表，选举镇相关班子成员，表决民心工程和经济发展等决策，为村庄发展、镇经济发展建言献策。

曹庄子村历届乡、镇人大代表一览表

表 7–2

级别	时间	出席代表	备注
第一届	1954年9月	闫炳珍、白玉俊、芦金标、郭德祥	—
第二届	1956年9月	郭德祥、芦金标、闫炳珍、白玉俊、王文香、王宗泽、李世功、孙士华、李金柱、谷秀珍	—
第三届	1958年4月	郭德祥、芦金标、白玉俊、赵佩元、王文香、王宗泽、李金柱、谷秀珍、闫炳珍	王文香、闫炳珍当选大稍直口乡人民委员会副主任
第四届	1959年5月4日	王文香、芦金标、李金柱、邱梦祥、王宗泽、谷秀珍、白玉俊、孙士华	—
第五届	1963年5月	芦金标、赵佩元、邱孟祥、谷秀珍、赵光珍、白玉俊	白玉俊当选为大稍直口人民公社管委会副主任、南开区政协委员
第六届	1956年11月	芦金标、赵佩元、李宗林、王世义、李世功、赵光珍	—
第七届	未召开		—
第八届	1980年7月9日	牛绪海、赵佩元、李森海、李焕臣、刘文芬、黄金岭	—

续表 7–2

级别	时间	出席代表	备注
第九届	1984年3月8日	张绍森、程民忠、李洪生、黄秋成、范玉杰	—
第十届	1987年3月17日	张绍森、赵文有、范玉杰、丁玉华、郭东民、曹俊芹	—
第十一届	1990年2月	范玉杰、张绍森、程月生、丁玉华	范玉杰被选为大会主席团成员
第十二届	1993年2月	范玉杰、张绍森、李云才、郭东民、李森海、张文富、张英	范玉杰被评选为大会主席团成员
第十三届	1996年1月15日	牛吉庆、庞庆山、李云才、郭东民、丁玉华、范玉杰	范玉杰被评选为大会主席团成员
第十四届	1999年1月9日	牛吉庆、庞庆山、丁玉华、赵书江、赵学华、李世兴	—
第十五届	2002年1月10日	牛吉庆、庞庆山、赵书江、赵学华、李世江	—
第十六届	2006年11月12日	王秀增、庞庆山、赵书江、赵学华、王欣明、刘学平	—
第十七届	2011年11月	王秀增、李学海、王欣明、李汝霜、张英	—
第十八届	2016年11月	王秀增、王欣明、张英、李妍	—

（二）区级以上人大代表

1990—2018 年，范玉杰、张英、李春荣、王秀增、王世强先后当选过西郊区、西青区人大代表。

二、政协委员

2001—2016 年，曹庄子村有西青区政协委员 1 人，为张玉起。2001 年，经中北镇党委、曹庄花卉协会的推荐及选举，张玉起担任西青区政协委员，连任三届至 2016 年。

2017 年 11 月 10 日，召开区人大代表联系选民座谈会，区人大代表王秀增听取选民意见（刘小磊提供）

第四节 村务工作

综合治理

（一）治安保卫

解放初期，曹庄子村的治安保卫工作由公安员和治保会负责，主要有防奸、防特、防盗、防火等治安保卫工作。曹庄子村治保会成立于1950年7月，设立主任、副主任、委员等，主要负责全村的治安巡逻和保护群众的财产安全。

20世纪70年代后，治保会在党组织的正确领导下，坚持昼夜上岗执勤，不让集体财产受到任何损失。同时宣传教育群众增强自防意识和法律意识，预防各类案件的发生，对刑满释放人员进行帮扶。积极配合公安机关查禁社会丑恶现象，提供破案线索。治保会还承担劝导和调解民事纠纷的工作，防止矛盾激化，促进邻里之间平安和谐。

（二）综治

1990年以后，在改革开放的新形势下，曹庄子村在村治保会的基础上成立社会治安综合办公室，简称综治办。2012年以后，主要负责村内流动人口的管理、村民信访、法制、反邪教、打击非法集资、扫黑除恶等工作。

2017年1月，曹庄子村获评2015—2016年度“西青区综治（平安西青建设）先进集体”（朱德慧摄）

2016年12月，曹庄子村获评“2011—2015年西青区普法依法治理先进单位”（朱德慧摄）

2017 年 8 月 15 日，西青区“法治文艺基层行”走进曹庄欣苑（刘小磊摄）

2018 年 11 月 23 日，曹庄子村开展扫黑除恶法治宣传活动（朱德慧提供）

治保会成立的六十多年来，为曹庄子村的治安稳定和维护集体财产不受损失作出了突出的贡献，曹庄子村委会及工作人员多次获得综治工作方面的荣誉和奖项。

曹庄子村历届治保会成员任职一览表

表 7-3

年份	组织名称	任职情况
1950—1957	治保会	王立金等
1958—1969	治保会	程民忠等
1970—1976	治保会	闫玉福等
1977—1982	治保会	李明德等
1982—1992	治保会	杨伯普等
1993—1997	综治办	高学忠等
1997—2002	综治办	牛吉刚等
2002—2015	综治办	赵书江等
2015至今	综治办	王秀增等

曹庄子村获评市级治安先进集体一览表

表 7-4

单位名称	荣誉称号	授予单位	时间
曹庄子村委会	天津市社会治安先进	天津市公安局	1998
曹庄子村委会	天津市社会治安先进	天津市公安局	1999

曹庄子村村民获评天津市级先进人物一览表

表 7–5

姓名	性别	荣誉称号	授予单位	时间
牛绪海	男	优秀保险员	市政府	1990
牛绪海	男	优秀保险员	市政府	1993
范玉杰	女	优秀人民调解员	市司法局	1995
范玉杰	女	市级调解优秀个人	市政府	1998
许绍民	男	人民调解员	市司法局	2004
许绍民	男	最佳调解员	市司法局	2004
赵学华	女	优秀调解员	市司法局	2007
赵学华	女	最佳调解员	市司法局	2009—2012
赵学华	女	十佳调解员	市司法局	2011
赵学华	女	平安家庭示范户	市文明委	2013
刘学平	男	天津市治安先进个人	市司法局	2013

第五节　拥军优属

自建立党政领导班子以来，曹庄子村重视拥军优属工作，每逢国家征兵，村党支部和村委会做好应征青年的思想工作，消除他们参军后对家庭生活问题的顾虑。“一人参军、全家光荣”，凡村内青年应征入伍，曹庄子村委会均召开欢送会、座谈会，赠送应征青年行李箱、钢笔、笔记本等物品，鼓励

2016年8月，曹庄子村委会及中北消防支队慰问老八路杨秋（刘小磊摄）

他们到部队有所作为，并为其保留村民待遇，每年给予现金奖励。待村民退伍后，村委会优先安排工作。

2016 年 8 月，村干部陪同消防中队队长慰问居住在曹庄欣苑小区参加过抗日战争的老八路杨秋。

2017 年，随着国家对退伍军人工作的重视，根据上级政府工作要求，曹庄子村成立退伍军人办公室。2017 年春节，为全村退伍军人发放水杯和宣传材料等。2018 年春节、“八一”建军节，为全村退伍军人发放体脂秤、装饰品和宣传材料等。2018 年 9 月，为全村退伍军人家门口悬挂光荣牌。2018 年 10 月，对全村退伍军人信息进行采集，建立健全信息管理体系。

第六节 重大政事

一、经济体制改革

（一）家庭联产承包责任制

1983 年 1 月，人民公社体制撤销，农村农业全面深化改革，实行家庭联产承包责任制。曹庄子村积极响应这一改革措施，村委会根据全村土地面积、农业总人口，按照劳动力分配土地，男劳动力每人 0.7 亩，女劳动力每人 0.5 亩，17 周岁以下和 60 周岁以上的人员分 0.03 亩菜田。

1989 年春，村委会对全村土地进行第二次调整，在村办企业和其他企业上班的人员暂时不分给土地。2008 年，土地由镇政府规划收回。

（二）农村集体产权制度改革

2018 年 1 月，曹庄子村村委会着手产权制度改革工作，推动实施以“两清、三建、五落实”为主要内容的集体产权制度改革。村委会于 2018 年 1 月 28 日成立改制领导小组，由村委两委班子成员和退休老干部、老党员和有威望的村民组成。

二、平房改造

2008 年秋，曹庄子村两委班子按照中北镇党委政府关于小城镇建设的统一规划，开始实施全村平房改造。2008 年 11 月 18 日，村民和村委会签订拆迁平房协议，全村共拆除平房 6660 间，同时签订还迁楼房房型合同。还迁楼于 2009 年 4 月 30 日奠基开工，2011 年 11 月竣工。12 月 25 日开始分房抓阄，小区取名曹庄欣苑。小区占地面积 146159.4 平方米，建筑面积 302728 平方米，建有 37 栋楼宇，3560 套还迁房。

三、养老保险

2006 年，村委会为全村 1947 年以后出生的男性、1957 年以后出生的女性，共 1995 人缴纳养老社会统筹保险，每年村委会为每人缴费 2 万元，个人缴费 4000 元。

2016 年，村委会为全村 70 岁以上的老人 588 人缴纳 83169 元城镇居民养老金。

2017 年，村委会为 1977—1987 年出生的村民缴纳养老保险（十年期），每人 64650 元，村委会垫付，个人免缴，缴费 3800 万元。

至 2018 年，全村有 3280 人缴纳养老保险，占全村农业总人口的 69%。

第八章　新农村建设

自明永乐元年（1403）建村以来，曹庄子村房屋建设依南运河湾走势，民宅散居，随意性强。新中国成立前至20世纪60年代，村庄建设变化不大。20世纪70年代后至90年代中期，曹庄子村村庄建设有了长足进步，呈现出十个居住片区的新农村布局。进入21世纪，村庄建设发生了历史性变化。2011年，曹庄欣苑住宅新区建成，传统平房村落成为历史。新小区环境优美、配套设施齐全，村民居住环境得到质的改善，村民生活舒适度明显提升。

曹庄子村坚持“两个文明”一起抓，先后开展文明村、卫生村、全国文明城区、卫生城区创建活动，通过开展“社会主义思想教育”“培育践行社会主义核心价值观”等活动，多次获市级卫生村、文明村等称号。

第一节　基础设施

一、饮水

曹庄子村自建村以来，村民们一直饮用南运河（黄河）水，家家户户到河边挑水，河水浑浊，挑来的水须用白矾漂清，待水质清澈后才能饮用。

1966年春，南运河水断流，曹庄子大队投资，在村西大道北打水井一口，同时在老大街、后街各设几个饮水点，村民们按时到饮水点挑水以供日常饮用。

1979年夏秋季节，曹庄子大队和天津市色织公司联合创办天津市色织十五厂，经天津市自来水公司批准引入市内自来水，并引进村民家中，从此村民喝上自来水。

2007年，村里对自来水进行改造，深水井投入使用；投资27万余元，对管网进行改造，铺设自来水管；投入2万元修建泵站。通过近30万元基础设施投资使得村每月可节省10万余元的水费。

二、用电

（一）村民用电

新中国成立前，曹庄子村没有电力设施。1956年秋末，曹庄子村引进西郊区电力，村内开始架设电线杆，往户内拉线安装电灯。由于供电线路的不完善，村里经常停电。村民常备煤油灯、蜡烛、电石灯、电气灯等。

20 世纪 80 年代后，随着供电设施的不断完善，村民用电环境稳定，较少出现突然停电情况。如遇设备检修，供电部门会提前通知。

（二）村庄用电

1970 年，曹庄子生产大队投资，为村内大街（各胡同口）、村北下坡后道安装路灯。

2011 年 12 月，随着新小区的建成，各楼层、楼门、主要道路、绿化景观、地下车库均安装照明设备，照亮村民出行的同时，也成为小区一道亮丽的灯光景色。

三、村庄道路

（一）村庄道路

新中国成立前，曹庄子村及周边没有公路，只有南运河大堤（后称津杨公路），村北后大道（三元村通往杨柳青）和西青道供人们出行。

曹庄欣苑南门内道路（朱德慧摄于 2018 年）

1978 年春，村老大街、后道修建柏油路。1980 年，南北大道（南起集贤路北至西青道）、曹庄子村大街（东至大卞庄、西至王庄地界）修建柏油路。

2004 年，对曹庄大桥至十五厂、十五厂路口至花卉市场、王文和门口至老煤气站的道路及曹庄子村委会院内重新铺设柏油路面，对曹庄浴池至村东高压线、永强模具厂门口至王文和门口、村民宋建国家门口至新河三条路铺设彩砖。

曹庄欣苑南门外道路（朱德慧摄于 2018 年）

（二）街道胡同

1960 年，曹庄子村从摆渡口到西头庙是一条弯曲的大街（俗称“当街”），从西到东建有 15 条胡同

（1 ~ 15 条）。1966—1996 年，村里先后 10 余次为村民发放宅基地，村民建房时留有胡同，大街作为通行要道，大街、胡同都未起名字。1990 年，第四次全国人口普查时，按照上级部门的要求，由人口普查工作人员对村民住宅片区划分路、街和胡同的名称。曹庄子村老宅、新宅共划分为 10 大片。

东升楼片　东升楼、东青里、东顺里、东强里和东安里。

兴业街片　永和胡同 3 段、4 段，永明胡同 4 段、5 段，永泰胡同 4 段、5 段，永康胡同 4 段、5 段，东顺里 1 段、2 段。

东风街片　永定胡同，永和 1 ~ 2 段，永明胡同 1 ~ 3 段，永泰胡同 1 ~ 3 段，永康胡同 1 ~ 3 段。

民乐里片　民乐里、民安里、民和里、民义里、民升里。

阳光里片　育才胡同、和睦胡同、前进胡同、光荣胡同、致富胡同、文明胡同和如意胡同。

兴业里片　兴旺里 1 ~ 2 段、兴强里 1 ~ 2 段、兴华里 1 ~ 2 段、兴安里 1 ~ 2 段、兴业里 1 ~ 2 段。

宁园路片　保安里 1 ~ 2 段、吉祥里 1 ~ 2 段、宝善里 1 ~ 2 段、育红里 1 ~ 2 段、庆云里 1 ~ 2 段、顺意里 1 ~ 2 段、幸福里。

老村街片　1 ~ 17 条胡同、平安里、福安里、和顺里。

解放台片　光明路、金星胡同、长春胡同、万新里、万庆里、和平里、解放里、万盛里、西门里。

新村片　曹庄大街、中街、前街、东风路、东风 1 ~ 2 街、兴业街、平安路、友谊路、集贤路和宁园路。

四、村庄排水

1956 年春，曹庄子村在“蛤蟆洼”大兴水利建设，平整土地，开挖大小排水沟渠 60 余条，做到有涝能排，同年水稻获得丰收。

1980 年以前，村内没有排水沟渠，每到雨季，雨水只能顺着胡同由高处向低处流，道路泥泞，出行不便。

1980 年，村大队投资，在各条大街道上铺设直径为 1.5 米的下水管，各条胡同铺设直径为 30 厘米的下水管。之后每逢雨季，大街、胡同雨过污水即可排除干净。

2011 年 11 月，曹庄子村民迁至曹庄欣苑小区，小区污水等排水采用管网处理。

五、供气

（一）灌装液化石油气

1985年，曹庄子村委会在村西投资兴建天津市津西液化石油气站，以供村民日常使用。1986年，村委会投资购进4个1×100立方米和2个1×50立方米的液化气罐，除供应该村外，周边区县及镇村内村庄都到曹庄气站购买液化石油气，此气站于1999年停止营业。

至2008年平房改造前，曹庄子村村民用气由私人经营的流动加气车到家中进行换气。

（二）天然气

2011年12月，曹庄欣苑建成后，户内均连接天然气管道。入住后，村民到镇综合服务楼的天然气窗口开通用气，持卡购气，每立方米售价2.63元。

六、供暖

新中国成立后，村民生活水平低，多数村民冬天烧炭进行取暖。

20世纪80年代，村民居住取暖多用煤球炉子、蜂窝煤炉子。

1988年以后，村民盖新房或翻盖新房，都安装土暖气进行取暖。

2012年，曹庄欣苑建成后村民家中改由集体供暖，持卡到镇综合服务大厅供热窗口进行缴费。

第二节　建　筑

一、住宅建筑

（一）平房

新中国成立前，曹庄子村绝大多数农民户住土坯房，只有少数富裕户有砖瓦房居住。

农户建房多为一明两暗三间房，一个院落。开工前，丈量好房间的尺寸，开始挖槽子，搅拌灰土，砸夯和泥砖做碱，一般为7～9层碱，碱上面铺铡好的芦苇（条件好的铺油毡），以防地碱腐蚀墙基。土坯（用土掺上草和泥，用长方形木模子脱成坯，晒干）垒墙，墙垒到标准高度后，封山稳房檩，上房耙子（用芦苇扎的），用泥抹房面，屋内屋外各抹一遍泥，主要是防风防雨。以后每年都要抹一遍，俗称“泥房”。

20世纪50年代村民的住房（李四君提供　2008年）

房屋里盖好后，俗称连“三三间”，坐北朝南，东西两间称“里间屋”，各搭一个土炕，做寝室用，中间屋为堂屋（俗称外间屋）。靠山墙处各用砖垒一个锅台，民间有说法叫“七层的锅台，八层的炕”。锅台上安装一口铁锅（7印锅），用来做饭和冬天取暖。土炕有烟道，与锅台、山墙烟道相通，直通房上，房顶垒烟筒，锅台烧火，烟筒冒烟。三间房多为三门两窗，不少农户在内山墙处安装一个长50厘米，宽70厘米左右的小窗户，俗称“婆婆眼”。

80年代住房（李四君提供　2008年）

1960年以前，曹庄子村东西有一条弯曲的大街，约500米长，街道老宅沿着运河湾而建，15条胡同由西向东排列，其中第六条胡同被村民称为“大胡同”。

2009年西青区中北镇曹庄子村建设新居奠基仪式
（王秀增提供）

1966年春，曹庄大队为住房困难户（家中有男孩达18岁以上）发放第一批宅基地。当年盖的都是土坯房，为屋内采光，村民在堂门屋门框两边增加耳窗；少数农民用芦苇扎顶，报纸打底，毛头纸糊面，白灰粉刷屋内四面墙，条件好的屋内砖墁地面，这就是当时的装修。

1970—1975年，曹庄子村大队先后三次为住房困难户发放宅基地。此时农民生活条件比以前改善许多，农户多盖上了砖瓦房。房顶墁瓦，粘油毡，室内铺水泥地面，门窗加宽，室内宽敞明亮。

1978年改革开放后，尤其是1983年农村实行家庭联产承包责任制以后，极大地鼓舞了广大农民种田的积极性，农民的经济收入不断增加，生活水平逐年提高，农民盖房的标准、装修质量也随之提高。

1983年后，村民建房、装修更为讲究。大门两侧用水刷石加上各种彩石勾勒出各种形式的花纹图案，也有农户在大门两侧贴彩色瓷砖，以示门庭吉祥富有。

1988年以后，村里兴起三间北房加盖东西两间厢房（通称拐弯），屋内地面由水泥地面向水磨石和地板砖发展，屋内由天花板代替，富裕户室内装修更是豪华，安装灯池、护墙板，由过去的“一明两暗”改为“两明一暗”（暗为卧室）。上房（大门口处）拐弯做餐厅、厨房，下房拐弯做卫生间（厕所、浴室），农民生活方向向城市化发展。

（二）楼房

2008年秋，曹庄子村两委班子按照中北镇党委、政府小城镇建设统一规划，对曹庄子村实施平房改造。2009年4月30日，村民还迁楼开工奠基，于2011年12月25日还迁，小区取名曹庄欣苑。

还迁后的曹庄欣苑全景图（李淑起提供）

为充分体现曹庄子村北方花卉之乡的特色，曹庄欣苑地上绿化率达45%以上。村民居住区分5个特色园林绿化区域，即春兰园、夏荷园、秋菊园、冬梅园、翠竹园，各园都有主题特色、生态美景。同时，小区配有近8万平方米的地下停车库，近4000平方米的地下菜市场。

曹庄子村幼儿园（王秀增提供　2008年）

二、公共建筑

（一）学校建筑

曹庄子村学校建筑情况表

表8-1

名称	占地面积（平方米）	建筑面积（平方米）	结构	楼层	建筑时间
曹庄子小学	8658	1760	砖木	平房	1950年
曹庄子小学（重修后）	9990	1320	砖混	2	1982年
曹庄子幼儿园	5328	547	砖木	平房	1980年

（二）医疗建筑

2018年曹庄子村医疗建筑表

表8-2

名称	占地面积（平方米）	建筑面积（平方米）	结构	楼层	建筑时间
红医站	320	128	砖木	平房	1978年

（三）村委会建筑

曹庄大队部于新中国成立前建造，占地面积500平方米，使用面积201平方米，砖木结构，原为曹家大院。1976年7月28日，唐山大地震时损坏。

曹庄子电工楼建于1966年5月，曹庄子村委会在村大桥西兴建2层电工楼，占地面积 102 平方米，建筑面积 56 平方米，砖混结构。

曹庄子村委会建于 1974—1975 年，曹庄生产大队为天津市下乡知识青年盖了一座 2 层知青楼，面积 360 平方米。1976 年 8 月，将其改为大队办公用房，砖混结构。1989 年，村委会加盖 240 平方米的东房会议室，1992 年村委会加盖 280 平方米的西房会议室，大门口东侧是老年协会活动中心，西侧是门卫和村治安巡逻队办公室，东西两侧共计 205 平方米。2008 年老村平房改造拆除后，村委会搬迁至村北临建活动板房办公。

曹庄子村党群服务中心位于曹庄欣苑小区 12 号楼旁公建，办公楼建筑面积 1500 平方米，楼外活动面积 1500 平方米，钢筋混凝土结构。2014 年，临时大队搬迁至此。3 层楼内设置物业公司、综合服务站、村委会、党员活动室等活动室及设施。

曹庄子村党群服务中心综合服务站建于 2015 年，按照镇党委、政府的部署，根据《关于加强街镇、村（社区）综合服务平台建设的实施意见》的要求，在小区内建设曹庄子村综合服务站，配备 8 个服务窗口，现场可办理事项 31 项，代办事项 23 项。

（四）文体建筑

群众乐园　1983 年，村委会投资兴建曹庄群众乐园。1984 年，改建为曹庄子村幼儿园，建筑面积 547 平方米。

老年俱乐部　1988 年 4 月，兴建曹庄子村老年俱乐部，砖木结构，占地面积 420 平方米、建筑面积 350 平方米。

文体中心　2017 年，在曹庄欣苑 35 号楼旁公建楼增建 250 平方米的二层楼，设置曹庄欣苑文体中心。

（五）菜市场

1999 年，曹庄子村委会在幼儿园后兴建平房。到 2005 年，扩建成 2000 平方米的曹庄子村菜市场。

2013 年，曹庄欣苑西门增设改造 4000 平方米的曹庄欣苑地下菜市场。

曹庄子村菜市场（李四君提供　2008 年）

曹庄欣苑菜市场开业（刘小磊提供　2013 年）

三、驻村单位建筑

（一）中国南水北调中线建管局天津分局

南水北调办公楼（朱德慧摄于 2018 年）

中国南水北调中线建管局天津分局位于天津市西青区中北镇曹庄子村金霞路旁。主要建筑物包括阜盛道公路涵、69 号通气孔、星光路公路涵、曹庄排干倒虹吸、中北镇污水管倒虹吸、外环河出口闸等。工程建设始于 2009 年 3 月 1 日，完工于 2012 年 2 月 25 日。

天津干线工程是南水北调中线一期工程的重要组成部分，自河北省徐水区西黑山村起，途经保定市徐水、容城、雄县、高碑店、廊坊市固安、霸州、永清、安次以及天津市武清、北辰、西青共 11 个区县，工程采用全箱涵无压接有压自流输水方案，全长 155 千米，年均总调水规模 9.8 亿立方米，其中向天津规划年供水量为 8.6 亿立方米，供水区范围为永定新河以南地区，包括中心市区、西青区、塘沽区、大港区、东丽区、北辰区、津南区及静海区。工程终点位于西青区中北镇曹庄，主要建筑物有输水箱涵、外环河出口闸及天津市内配套工程曹庄泵站。

（二）天文观测站

中国科学院北京天文台天津纬度站始建于 1955 年，属于国家科研单位，坐落在曹庄子村西，占地面积约 36 亩，分为两个院。西院为工作区，设有观测各种仪器，非工作人员不得入内。东院为生活区，曹庄子村民和纬度站的工作人员及家属关系密切。农村改革开放以后，纬度站的所有设备拆除后运往北京，该建筑物另作他用。

（三）保密机关邮电局

1956 年，天津邮电管理局在曹庄子村北建立占地 50 亩的保密单位——邮电局。车间内安装各种精端设备，检测仪器和抗干扰一起，周围架设几十根线杆（线杆高 30 ~ 40 米），此单位属于保密机关，大门口设解放军战士站岗。

2000 年后，所有设备拆除（包括线杆）迁回北京，院落保留至 2018 年。

四、建筑遗址

（一）观音庙（菩萨庙、西头庙）

相传曹庄邢家在海上跑船遇风浪，祈求菩萨保佑，正遇海上漂浮一尊木雕观音像，平安归来后由邢家主持操办，村民们在原村西一座简易土地庙址上修建成一座观音庙。清同治四年（1865），曹庄子村民刘金城、刘金领兄弟奉匾额一块，上书“观音大士”。光绪年间（1875—1908），天津刘姓村民又献匾额一块，上书“慈航普渡”。1920 年，空祥、空慧两位道姑游方到此进驻庙中。

据村民回忆，庙中间为泥塑地藏王菩萨像，菩萨身旁有一个和尚，手持九连环，约 1 人高。庙内有木制雕刻的文殊、观音、普贤三座菩萨像，还有娃娃大哥、王三奶奶等几座泥胎像。

1953 年，庙宇被拆后，村盖东西各三间房做曹庄小学校舍。1986 年春，小学被拆除，学校搬到村北二楼内。

（二）关帝庙（老爷庙、东头庙）

清咸丰三年（1853），村民们在曹庄子村东一块空地（约 8 亩）捐资修建一座庙宇，取名关帝庙。庙内庙堂上供奉关云长，关老爷端坐正中，其子关平双手合十臂前放剑，立在左侧，马童周仓手扶青龙偃月刀，站立其右。

1917 年，关帝庙后墙被洪水冲毁，村民抢修后在庙宇周围种植杨树。1951 年初，关帝庙被政府拆除，杨树保留。1959 年秋，曹庄子党支部报大稍直口管理区，批准将 21 棵大杨树砍伐用于建曹庄大桥。大桥建成后，西郊区政府命名为“津西一号桥”。

（三）陈氏公馆—解放台

民国初年，军阀混战，有一陈姓贵族在北伐军当团长。1912 年，他经人介绍在曹庄子村西购地一块（约 37 亩），随后建公馆一座，取名陈氏公馆，其余土地出租给佃户耕种，陈家负责收租。抗日战争爆发后，有山东、河北的灾民逃荒至此地，打窝棚租陈氏菜地以此维持生计，由陈家大管家负责收租。新中国成立前后，又有十几户到此定居，逐渐形成居住区。1949 年 1 月，天津解放后该居住区取名“解放台”，属曹庄子村管辖。20 世纪 60 年代属于曹庄子第一生产队，70 年代后期属曹庄子村第 12 生产队。陈氏公馆于“文化大革命”时期拆除。2008 年，曹庄子村平房改造，将有 70 余户的解放台一并拆除。2011 年 12 月，新小区建成后，村民统一居住在曹庄欣苑。

第三节　精神文明建设

一、文明村创建

2011 年还迁后，曹庄子村党委、村委会和小区物业办公地点全部设置在综合服务站内，配备党员学校、文化活动室、志愿服务活动站、村民学校、家长学校、儿童快乐营地、道德讲堂、农家书屋、警务室、光大银行为民服务站。曹庄欣苑小区北侧设有 7 人制足球场、标准篮球场和硬地网球场，34 号楼旁设有文体活动中心，同时小区内设有健身器材和儿童场地，可供村民健身使用及日常娱乐，带动村内体育事业的发展。

快乐营地活动（朱德慧摄于 2018 年）

2011 年，曹庄子村组织建曹庄欣苑民间艺术团，随后成立太极扇队、广场舞队、健美操队、秧歌队、足球队和乒乓球队。

2017 年，民美通艺术团排练演出歌舞剧《中华儿女》《长征组歌》，受到区、镇领导和现场观众们的一致好评。多年来，曹庄子村委会精心组织一系列群众文化体育活动满足不同层次的需求，丰富人民群众的日常文体生活内容。

2017 年 9 月，曹庄子村被评为天津市 2015—2017 年度文明村镇。

村民读书活动（朱德慧摄于 2018 年）

二、创建文明城区工作

2011 年 12 月以后，在中北镇党委、政府的领导下，经过村两委班子和全体村民的共同努力，结合新农村建设实际，不断创新组织管理方法，建成邻里和睦、环境优美的曹庄子村。

2015—2016年，按照镇党委、政府的工作要求，曹庄子党总支、村委会举全村之力开展创建全国文明城区工作，小区内制作“创文”宣传展牌1000余块，组织“创文”宣传文艺演出、组织入户宣传、卫生清整、志愿服务等多种形式活动，走家串户发放宣传材料、宣传品、调查问卷等，努力提升村民素质及知晓率，村内形象得到提升，村民得到实惠，确保曹庄子村在西青区“创文”工作中不掉队。

2017年，村对小区绿化进行全面提升改造。为方便村民出行，重新调整人行便道设计风格，增添休闲座椅，花草树木种植布局更加合理；对小区楼房墙面进行防水处理并粉刷，渗水塌陷的墙面全部进行修复；对楼道小广告及堆物进行集中清理；对小区消防灭火器进行集中更换，确保消防设施能够正常使用；对小区楼道、楼门灯泡进行更换，对地下车库照明、小区监控进行提升改造。

12月，村委会在小区北侧规划整理出540平方米地块，用于安置小区内早点经营商户，也为小区居民购买早点提供方便。

三、学雷锋志愿服务站

中北镇曹庄子村学雷锋志愿服务站于2010年12月正式成立，以弘扬雷锋精神为宗旨。几年来，曹庄子村一直把开展学雷锋志愿服务工作作为精神文明建设的重要组成部分，把志愿服务从开展活动向长效性、全面性延伸，充分发挥志愿者在村小区建设、政策宣传、为民服务等各个领域中的重要作用，开展形式多样的学雷锋志愿者活

扫黑除恶宣传（朱德慧摄）

食品安全日常巡查（王庆雪摄）

动。截至2018年12月，曹庄子村党员志愿者注册人数有100余人，并根据志愿者的自身特点、优势特长以及个人意愿等情况，结合村实际情况，成立党员志愿服务队、消防安全服务队、传统文化服务队、关老送学服务队、禁毒安全服务队、卫生清整服务队等多支志愿服务团队，定期开展有主题、有内容、有目标的志愿服务活动。

四、志愿队伍典型

中北镇曹庄子村交通协管志愿服务队于2014年4月成立，队员由村两委班子成员、后勤干部、大学生村官等30人组成。活动时间为学期内每周一至周五早7:20至7:50，因为在这个时间段是家长送孩子上学的高峰时段。

曹庄子村开展的“交通安全协管员”志愿服务项目被评为2016年度西青区优秀志愿服务项目

团队分为5个小组，每组6人，从周一到周五交通早高峰时在中北第二小学门前轮流执勤，村委会两委班子成员担任各组组长，充分发挥带头领导、监督、指挥的作用，并把这项工作作为一项长效机制来抓。

自交通安全志愿服务队成立至2018年，在学生到校期间，志愿者每天早晨在中北第二小学门口执勤，到2018年组织活动500次以上。2014年6月,《西青新闻》报道了曹庄子村交通安全协管志愿服务。2015年，交通安全志愿服务队获得镇党委颁发的优秀志愿者服务团队荣誉证书。2016年，曹庄子村开展的“交通安全协管员”志愿服务项目被评为2016年度西青区优秀志愿服务项目。

第四节　文明新风

一、邻里交往

自明永乐元年（1403）建村至2018年，曹庄子村已有600多年的历史。历代村民注重邻里关系，俗有“远亲不如近邻，近邻不如对门”的说法。这是曹庄子村流传至今的居住箴言和感情信条。

睦邻好义、济困扶弱是村民或邻里之间关系融洽的一个特色。如若谁家有事或遇到困难，村民都会主动帮忙照应。谁家盖房，村民会主动义务助工。如遇丧事，邻里之间都会主动帮忙料理，直到丧事完毕。助工人数的多少也可体现出当事者的人缘。

二、敬老爱老

尊老、敬老、爱老、助老是中华民族的传统美德，也是代代曹庄子人传承的精神财富。多年来，村党委、村委会秉承这一传统美德，不断提高老年人退休金，并于2018年规定，对70周岁以上的老人，在其生日当月给予600元生日金，对80周岁以上的老人，在其生日当月给予1000元生日金。在日常生活中做好居家养老服务，建立日间照料中心，并代办居家养老服务、发放退休补贴、缴纳养老保险、医疗保险等服务。

三、慈善募捐

自古以来，曹庄子村村民素有扶困济贫、弘扬人道主义的美德。多年来，全体村民向灾区人民伸出援助之手，献出曹庄子村的爱心。

（一）集体募捐

1996年，河北省受灾，曹庄子村捐赠衣物7378件。

1998年，为甘肃省灾区募捐毛衣、单衣等2136件。

1998年，为黑龙江省贫困地区慈善募捐34954元。

2005年，为慈善事业捐款10000元。

2008年，汶川发生地震，曹庄子村村民捐款930648.50元。

（二）个人捐款

1998年，长江流域及松花江一带受灾，曹庄子村民白云彪、牛吉成、王秀增、王彦飞、杨红旗、李世兴、李连春、刘学明、高学平等人捐款1万余元。

2004年3月，曹庄子村干部王秀增、李学海及群众代表宋泽兴、白宝洋四人出资十余万元，改造曹庄子村烈士陵园。

2007年，村民牛吉文、牛庆林父子出资2万元修葺曹庄子烈士陵园院墙。

2013年5月5日，曹庄子村两委班子成员、党员、村民代表为困难村民捐款1万余元。

2017年12月，曹庄子村委会两委班子及全体工作人员为困难村民捐款13000元。

第九章　交通　邮电

解放初期，村内通信十分闭塞，村内没有像样的公路，只有村北一条土道出行，村民出行基本靠步行。经过 69 年的发展，曹庄子村依托中北镇区位优势和社会科技发展，从出门步行到乘车，从手摇电话到智能手机，从信件平邮到快递上门，到 2018 年，曹庄子村周边交通发达，村民出行便捷，邮电服务更是为村民生活提供了方便。

第一节　交　通

一、交通设施

（一）公路

天津解放前，南运河以北有北大道（土道），东起天津市小西关北面的芥园自来水厂，西至杨柳青。从小西关自来水厂沿南运河南大堤到大园村下堤，到小稍口村东上堤，沿运河堤到大卞庄渡口，乘摆渡过河，穿过大卞庄到曹庄子村北，往西经王庄、大梁庄村北到达杨柳青，穿过曹庄子村内地界约 2 千米。此路段地势低洼，沿途村庄又少，夏秋季节雨水较多，下雨天道路泥泞，给路过行人及周边运输业带来诸多不便。此道于 1960 年废弃。

津杨公路的前身为南运河大堤，旧称津德公路（天津至德州）从天津西墙子河边小西关监狱起至杨柳青段。公路沿南运河而行，故弯道较多，这是运河一带村民去天津市的一条主要通道。路面为土路，后来铺上炉灰、渣石，初步解决雨后不能行车的难题。

金霞路（朱德慧摄于 2017 年）

1979 年，为适应经济发展的需要，国家投资修建此路。在原路的基础上裁弯取直，并降低路面的高度。道路东起李家园铁道洞口（市郊分界处），西至杨柳青镇南营建路，路面为柏油路面，并被西郊区政府命名为“津杨公路”，成为当时中北斜乡一带村庄通往市区的主要交通动脉。沿途村庄密集，公路的修通给沿线村庄带来生机。当地和外埠车辆昼夜不断，更是一派繁华景象。

党的十一届三中全会后，随着集体经济不断壮大，曹庄子村投资，将村内大街、村北大道全部铺设为柏油马路，同时将从村北通往西青道的土道（今金霞路）全部铺设为柏油路面。

2001 年，中北镇政府在曹庄子村北建设中北工业园，并在曹庄子村原稻地中沟修筑一条宽约 50 米、长 4000 米的阜盛道，工业园面积达 4 平方千米。

中北工业园北临西青道，该道是杨柳青一带及外埠车辆通往市区的交通要道，于 1958 年命名。

2008 年秋，曹庄子村实行平房改造。全村平房拆除后，在村北大麦地建设楼宇 37 栋，村民于 2011 年 12 月全部迁入曹庄欣苑。中北镇政府在曹庄欣苑南门前修筑阜锦道，将西侧金霞路加宽，东侧是万卉路，交通方便。南运河北是御河道，阜锦道东直通外环线，西至杨柳青新华道。曹庄欣苑小区周边道路四通八达，商业网点星罗棋布，为曹庄子村经济发展奠定了坚实的基础。

（二）铁路

津浦铁路于清光绪三十四年（1908）开工建设，于 1912 年全线筑成通车，北起天津总站（今天津北站），南至南京浦口火车站，后延至天津东站，正线全长为 1013.83 千米，设站点 85 个。

曹庄火车站（朱德慧提供 2017 年）

津浦铁路曹庄火车站，位于天津西站 6 公里处，建于 1939 年，为津浦铁路线上的一座四等站，到 2018 年已有 100 余年的历史。1968 年 9 月，南京长江大桥铁路桥建成通车，南京成为京沪线的中间站，津浦铁路延伸并更名为京沪铁路。

（三）高铁

2012 年京沪高铁通车，津沪高铁穿村而过。2015 年 12 月，津保高铁通车，从天津西站始发直达河北省保定市。高铁的通车同样为曹庄子村村民出行带来便捷。

京沪高铁穿村而过（朱德慧摄于 2017 年）

（四）地铁

天津地铁 2 号线是天津市快速轨道交通网中的东西骨干线，是天津轨道交通的重要组成部分。线路西起西青区曹庄，东至东丽区天津滨海国际机场。

天津地铁 2 号线曹庄站，位于天津市西青区中北镇曹庄子村东阜盛道，位于阜盛道与外环线交口以西，该站为天津轨道交通天津地铁二号线车站之一。站台形式为侧式站台，地面段设有曹庄停车场。

曹庄地铁站（朱德慧摄于 2017 年）

天津地铁 2 号线于 2012 年 7 月 1 日东西分段试运营（西段为曹庄—东南角，东段为天津站—空港经济区），于 2013 年 8 月 28 日开通一期全线（曹庄—空港经济区）试运营。天津地铁 2 号线东延线设滨海国际机场站，于 2014 年 8 月 28 日开通试运营。

（五）桥梁

曹庄大桥

1959 年，西青区第一座桥梁在曹庄子村东头渡口建成，结束了曹庄子村几百年来出行靠渡船的历史。

1959 年，在时属南开区委的倡议下，津西公社大稍直口管理区邀请北京军区工程兵舟桥部队，与曹庄子村共同组建建桥团队。舟桥部队参战人员为一个连，出动橡皮艇 10 余艘，于 8 月动工建桥。由曹庄子村木工组砍伐村东头原关帝庙东侧的 19 棵

曹庄旧大桥（李四君提供　2008 年）

曹庄新大桥（万卉桥）（李淑起摄于 2013 年）

大杨树，并加工成板材、木桩作为大桥的材料。军民同心大干两个多月，于 9 月底竣工，并在大桥北侧举行简单的落成剪彩仪式。南开区政府决定，将曹庄大桥命名为津西一号桥，并把书法家程立元题笔的桥名镌刻在桥的南北立柱上。

1971 年，木结构大桥所承受的重力已经满足不了生产力的需要。大队党支部决定拆掉木桥，重建水泥钢结构大桥，由在村小工厂承接所有的水泥钢筋预制。各生产队出劳力，自力更生建造大桥。桥面宽 6 米、南北长约 40 米。1971 年 10 月，大桥建成通车。

1983 年，随着改革开放的深入发展，曹庄子村建造的水泥钢筋预制桥已经承受不了南来北往的大型货车的碾轧，部分路面严重损坏。中北斜乡党委决定拆除老桥，建钢筋水泥整体钢架桥梁，以适应全乡大型车辆运输的需要，新桥于 1983 年底建成通车。

2012 年，中北镇党委、政府为配合城市总体规划，制定出全镇交通三横三纵的路线图，把中北大道通往西青道列为纵线中的重中之重，提出重点提升曹庄大桥的方案，设计加宽东移的实施方案。现今的曹庄大桥在原桥址东移 20 米，宽 30 米，为 23 条拉杆吊桥（23 条拉杆寓意为全镇 23 个村），拉杆安装有五颜六色的彩灯，晚上灯火通明，辐射方圆 500 米，成为镇中心的一道亮丽风景线，此桥名为万卉桥。

二、运输方式

（一）客运

1. 公交线路

新中国成立前，曹庄子村周边地区没有公共汽车。新中国成立后，市区公交线路

曹庄欣苑公交站（朱德慧摄于 2018 年）

延伸至杨柳青，每隔一小时一班车，并在曹庄子村设立站台，为郊线 158 路。

西青道于 1956 年 7 月通车。153 路公交汽车由天津西站至杨柳青火车站，每隔 10 分钟发车一次，人员流动量大，客运繁忙。该路公交设有曹庄站，车站在西青道上，距曹庄子村约 2 千米。

2003 年，曹庄花卉建成后，公交 645 路由天津站至曹庄花卉。

2012 年春，曹庄欣苑建成后，645 路公交车在曹庄欣苑南门（正门）设立站牌。从 2012 年起，先后有 616 路、620 路、669 路、714 路、909 路、350 路公交车等途经曹庄欣苑，均在此设立车站，村民们出行更为方便。后有 824 路公交车在西青道设有曹庄站。

2. 出租车

20 世纪 90 年代初期，村内交通工具逐渐增多，少数村民开始经营出租车，车型为大发面包车，可乘坐 6 人，村民称为“黄大发”，每公里收费 0.6 元。2000 年后，夏利轿车代替大发成为出租车主力车型，村民称为“红夏利”。2008 年，夏利逐渐淘汰，被花冠、威志等车型代替。2014 年天津实行摇号政策后，出租车价格水涨船高，村民投资意愿增强，购置出租车的村民大幅度增加，行情好时村内有出租车 60 余辆。2014 年后，随着滴滴打车、优步、共享单车等出行方式出现，出租车市场逐渐平稳、价格回落。到 2018 年，从事出租车、网约车服务的村民有 150 余人。

（二）货运

1. 水路

水路运输主要在南运河航道进行。南运河流经曹庄子村段长约 2 公里。清朝末年，因上游河道部分淤浅，漕运受阻断航。民国时期，仍有山东、河北等地的船只通过。

20 世纪 30 年代，曹庄子村村民赵俊英有 2 艘船，负责承运全村所产蔬菜。曹庄子村所有菜农起早下菜，将菜洗净装筐，按时将蔬菜运至码头装船，筐上拴好标有户主姓名的布条。用船将蔬菜运到小西关或东浮桥（金汤桥）菜市场，再经各蔬菜商向外批发，最后由蔬菜商扣除各种费用向农户结算。马家船只则运送花卉及其他货物。

2. 陆路

1958 年人民公社时期，曹庄大队各生产队都购置胶轮大车。去市里送菜、拉岗子、跑运输以大胶皮轮为主。1969 春，曹庄大队购买第一辆手扶拖拉机。

随后，各生产队购买 20 型拖拉机，除运输蔬菜外，还外出跑运输。1978 年村先后购买解放汽车、东风 140 汽车多辆。80 年代，随着农村体制的改革，拖拉机、汽车开始由服务生产型向运输经营型转化。从 80 年代起，汽车成为曹庄子村工农业生产、交通运输等各业的主要运输工具。

第二节 邮 电

一、邮政快递

天津解放初期，曹庄子村周边无邮电局。1958 年在中北斜设立邮电所，属于李七庄邮电局，1965 年撤销。由黄河道邮电局投递员负责投递。起初把信件送到曹庄门市部（当地人称百货部）。1970 年以后，信件、报纸直接送到曹庄大队广播站，通过广播喇叭通知收信人前往领取。如果往外地邮信件，贴好邮票投入信箱，由投递员

快递驿站（朱德慧摄于 2018 年）

北门快递柜（朱德慧摄于 2018 年）

开箱后取走，再由邮局发往全国各地。到 21 世纪后，邮政投递信件仍在延续，保险、理财及业务往来信件较多。一般高考信件会由投递员交到考生手中，签字收发。

21 世纪开始，快递业务兴起并迅速发展，网上购物成为新的消费习惯。邮政、顺丰、运通、顺通、京东物流等快递公司占据了主要邮寄市场。淘宝、京东、拼多多、唯品会等电商公司成为主要的购物平台。2016 年后，外卖业务兴起。2018 年，网上购物、订餐不仅成为年轻人的消费习惯，越来越多的老年人也加入其中。2018 年末，曹庄欣苑设有北门、西门两处快递柜，29 号楼、31 号楼两处快递站点，为村民取、寄快递提供了便利。

二、电信

（一）固定电话

磁石电话 1955 年 5 月，中北斜乡开始有电话。电话站交换台设在津西水利站，属李七庄电话局管辖。当时李楼管理区、大稍直口管理区、中北斜管理区各设一部磁石手摇电话。1956 年，在曹庄子满天红高级社时期，安装了第一部手摇电话。

磁石手摇电话（朱德慧提供）

交换台 1985 年，曹庄子村开始安装程控电话，隶属咸阳路电话局（76 局），同时购置 100 门程控交换台。村干部、个体户均有安装并设立一组人工交换台，接线员为田会霞、孙兰英。

老式拨号电话（朱德慧提供）

家庭电话 90 年代后，申请安装自动化程控电话的村民逐渐增多，费用从最初的 4500 元降到 1995 年的 2300 元，隶属杨柳青电话局（79 局）和咸阳路电话局（76 局）。1995 年后，全村 1500 户中有座机电话 700 余部，约 50% 的家庭拥有座机电话。电话样式由最初的拨号电话改为按键电话。2012 年村民还迁后，由于手机的智能化发展和便于携带，固定电话安装越来越少，户安装电话多与宽带、电视等业务捆绑。到 2018 年，固定电话多用于办公场所。

（二）移动设备

寻呼　90年代中期，数字传寻呼机（俗称BP机）出现在村民生活中，外出腰上别着BP机成为一种时尚。品牌有摩托罗拉、爱立信、西门子等，只能显示呼叫电话号码。汉显寻呼机由于能显示简单文字留言，逐步替代了数字寻呼机。2000年后，随着移动通信的发展，寻呼机逐渐消失。

大哥大、BP机照片（朱德慧提供　2018年）

移动电话　90年代初，曹庄子村恒通酱菜厂厂长牛吉庆和信誉剪板厂厂长白云标率先购买手提模拟电话机，俗称“大哥大”。大哥大当时价格20000～25000元，要缴纳6000元入网费用才能使用，通话费每分钟1元，属于“稀罕物”。但大哥大存在笨重、功能单一、待机时间短、通话质量不佳等缺点。

2000年后，手机的出现逐渐代替大哥大。当时手机价格较便宜的为5000元左右，诺基亚居多。2003年以后，小灵通一度流行，最早是机卡一体，后改为机卡分离。2005年以后，天语、CECT等国产品牌机出现，更多的村民开始拥有手机。

2010年后，手机型号不断更新，随着三星、苹果、华为、小米等国内外品牌的兴起，手机功能越来越多，上网、看电视剧、聊天样样具备，智能手机逐步代替传统手机，成为村民生活中不可缺少的一部分。到2018年，全村手机数量达到5000余部，其中业务繁忙的村民人均拥有2～3部。

三、广播电视

（一）曹庄子村广播站

1957年春，天津人民广播电台播音员王东英一行10余人到曹庄子村开展帮扶工作。驻村后，经过与乡领导（当时曹庄子与大下庄合并为乡）协商，决定为曹庄子村建立广播站。乡里筹资购买播音设备，将小喇叭安装在各条胡同，村民能收听到各种新闻。广播站建成后，每天早中晚三次广播，

老村解放台广播（李四君提供　2018年）

早晨6点半播放中央台的《新闻和报纸摘要》，中午播放《午间新闻》，晚上8点转播中央人民广播电台的《全国新闻联播》节目。在3次播音时间内插播村里的好人好事、生产动态、收发信件、寻人启事等。

曹庄大队广播站第一任广播员叫王金宝（大卞庄人）。韩淑娟、宋家荣、宋竹芬、李洪砚、于尚俊、陆美云、江玉平、田会霞等先后担任过广播员。2008年秋，曹庄子村平改拆迁，广播站停办。

（二）电视

1958年，满天红高级社解体分家时，曹庄子村分得一台苏联制造的电视机，为曹庄子村第一台黑白电视机。

1979年，村民黄金岭家购买了电视机，成为村里第一户购买电视机的家庭。后有数户富裕村民逐渐添置。一般为12寸、14寸，品牌有日本品牌“日立”“东芝”和国产“北京”“长城”“上海熊猫”等品牌，价格为500～800元。当时购买彩电需要凭电视机票，而购买黑白电视则无需用票。

日立牌黑白电视机（朱德慧提供　2018年）

90年代末，彩色电视成为普通家电进入村民家中，从开始的14寸、21寸、29寸、更新到32寸、34寸等，逐渐由显像管电视换为液晶电视。2000年以后，家庭影院风靡一时。2010年以后，随着电子产品的智能化发展，电视更新换代速度加快。到2018年，曲面电视、高清电视、互联网电视成为年轻村民家中的新宠。

四、电报网络

（一）电报

新中国成立后，电报在村民生活中发挥了重要作用。80年代初，村民一般到黄河道邮局发送电报，费用按字数收取。90年代末，电报业务逐渐消失。

（二）电脑网络

2004年，村委会购置第一台电脑。随着村经济的发展和村民的收入增加，村民家中电脑相继增多。初期电脑是台式的，后来电脑进入手提时代，笔记本电脑盛行一时。2010年后，台式机、一体机、笔记本等成为居民生活和工作的必需品。

2018年，光纤走入村民家中，无线网络更是普及。居民可通过手机、电脑、平板等观看视频、居家办公等。

第十章　文化　教育　体育

曹庄子村普及小学教育始于 1952 年，通过举办扫盲班使成年人迅速脱盲。随着教育水平的提高，村民文化程度大幅度提升。至 2018 年，全村拥有大学文化程度的村民人数达 300 余人，同时助学金制度日渐完善。文化体育活动丰富多彩，足球场、篮球场、健身场地等文化体育设施完善，村民文化品位和身体素质显著提升。

第一节 文 化

一、文化设施

党的十一届三中全会以后，各种文化活动得到恢复发展。为更好地丰富农民的文化业余生活，村内重新建起文艺宣传队，增设村民学校、图书阅览室、文化活动所、书画室和农家书屋。

1987 年，村委会为老年人建起老年俱乐部，后于 1989 年，新投资 13 万元对此进行扩建，建筑面积达 200 平方米，添置桌椅及娱乐用品，并为老年人准备茶水。老年人可每天相聚于此，喝茶聊天，其乐融融。

1982 年春，村委会投资 150 万元，兴建占地 3000 平方米、建筑面积 550 平方米的群众乐园，为村民业余活动提供大型文艺场所。

2011 年 11 月，曹庄子村以综合服务大厅为服务核心，设施齐全，配备党员学校、文化活动室、志愿服务活动站、村民学校、家长学校、儿童快乐营地、道德讲堂、农家书屋、警务室、光大银行为民服务站等配套功能室。

曹庄欣苑群众文体活动站（朱德慧摄于 2018 年）

二、文化活动

（一）文艺宣传队

1950年初，为配合土地改革，宣传党的方针政策，活跃群众文化生活，曹庄子村开展文化生活，以自编自演为主，如单弦《当好义务兵》《当兵保祖国》、对口词《我们村里的好民兵》，表演唱《学毛选解决大问题》，曲艺联唱《农村八大员》等。《农村八大员》曾于1966年参加西郊区文化会演荣获一等奖，并被推选为河北省农村汇报演出节目。

（二）健身操队

健身操队成立于1991年，成立时有队员20人。曹庄子村平房改造前，健身操队在老村旧址的幼儿园院内活动。2012年还迁搬进曹庄欣苑后，健身操队在中心广场活动至2018年，现已成立20多年，队员发展到80余人。

健美操队始终坚持“不论年龄、不管条件、来者欢迎、走者自愿”的原则，深受村民们的喜爱，尤其是中年女性。很多队员都是从围观者变成参与者，并慢慢成为队内的骨干。多年来，基于健美操队员们的努力，该活动已成为曹庄欣苑创建文明社区的一大亮点，受到村民们的喜爱和有关部门的表彰。

2005年3月，健身操队获天津市第二十四届妇女“三八健康杯”社区组民族健身操一等奖。2013年获得西青区“凤和杯”健身操比赛二等奖。

（三）民美通艺术团

民美通艺术团成立于2006年，从最开始的4个人发展到2018年的68人。演员来自曹庄子村和各社区的业余文艺爱好者。每周排练3次，每月平均演出7场，表演形式包括歌舞、戏曲等。

该团每年都参与西青区和中北镇举办的演出，表演的节目有《文艺下基层》《文艺下乡》《欢乐西青行》《西青大舞台》《我的舞台我做主》《歌咏大赛》等。2012—2018年，该团举办了中北镇春节文艺晚会。

2017年10月，民美通艺术团排练的《中华儿女》在区文广局上演

自成立以来，民美通艺术团多次在镇、区级比赛中获得个人和团体奖项，在各级文艺会演中受到老百姓的好评。其中在 2014 年，参加全国五省市舞蹈大赛，以《花飞舞》获二等奖，在 2015 年，参加天津市第六届《永安杯》舞蹈大赛，以《竹林深处》获三等奖。

（四）民间艺术团演出队

民间艺术团演出队成立于 2009 年，艺术团成员有 30 人。民乐合奏《红歌联奏》于 2009 年获得中北镇才艺展示一等奖，于 2010 年在西青大舞台演出中获得一等奖。2011 年，板胡与乐队合奏《众手浇开幸福花》在西青大舞台演出中获得一等奖。

（五）书画社

书画社成立于 2013 年 7 月 1 日，旨在丰富全体村民的文化生活，陶冶情操。村委会出资购置书画用品，吸引了几十名老年书画爱好者。为加强管理，村委会指定负责人，制定书画社管理制度。曹庄书画社的成立为全村书画爱好者提供平台，并吸引全镇各社区的爱好者定期开展交流活动，互相学习，提高书画艺术水平。

书画社日常活动（王秀增摄于 2013 年）

曹庄书画社成立 5 年来，共参加了 5 届西青区文化局举办的文化节书画展和 3 届中北镇书画社举办的农民书画展，参展作品多次获奖。

2015 年，书画社学员赵文有参加“纪念中国人民抗日战争胜利七十周年全国诗词书画摄影作品大赛”，书法作品获得银奖。

获奖证书

赵文有 先生/女士：

您为“纪念中国人民抗日战争胜利七十周年全国诗词书画摄影作品大赛”活动而精心创作的艺术作品，经主办单位评审委员会严格评审，您的作品荣获 银 奖。特颁此证，以资鼓励。

赵文有获奖证书（朱德慧摄于 2017 年）

（六）恒通秧歌队

恒通秧歌队成立于 1997 年，秧歌队成员从成立之初的 40 余人发展到 2018 年的 100 余人。除秧歌表演外，秧歌队还进行太极扇、太极剑、太极拳、合唱等表演。曹庄子村恒通秧歌队在历年的演出中多次获得区、镇奖项，合唱队在中北镇历届红歌大赛、歌曲比赛中均取得过优异的成绩。

2005年3月30日，曹庄子村恒通秧歌队在会展中心参加由天津市妇女联合会、天津市体育局、天津市总工会、天津市农民协会、天津市妇女体协联合举办的天津市第二十四届“三八健康杯”体育活动通讯赛中获得社区组民族健身操舞一等奖。

2014年，秧歌队新春演出（王秀增摄）

三、文化剧团

1963年，曹庄子村委会在全乡建立首个俱乐部，并组建俱乐部管理委员会，下设宣传组、剧团组、体育组、图书管理组等，宣传组设有黑板报园地6处，还有《社员生活小报》及时报道村民中的好人好事。小报辟有文化活动园地栏，及时反映村民的文化生活动态，图书室藏书近2000册，供村民阅览。俱乐部内设有棋牌、乒乓球等设施。

1966年“文化大革命”开始后，俱乐部各组改名为“毛泽东宣传队”，号召村民学唱样板戏、跳“忠”字舞、组织赛诗会，其他文化活动被视为“四旧”被制止。

四、民间工艺

（一）泥娃娃

明永乐年间，曹庄子建村后，金氏家族以做泥娃娃为生。他们的祖辈利用红土和成泥，用木模子将泥夹住成形后将木模松开，泥娃娃就扣出了，放在太阳底下晾干后为泥娃娃上色，待色干后拿到集市和庙会上去卖。曹庄子金家做泥娃娃历史由来已久，日军侵略天津后，金家逃荒时把木模全部丢弃而后失传。

（二）手工门帘

20世纪90年代末至21世纪初，妇女收集雪糕袋等包装，将回形针和雪糕袋编在一起，串成串拼成门帘悬挂于门框上。

（三）十字绣

2000年以后，十字绣盛行。十字绣是用专用的绣线和十字格布，利用经纬交织的搭十字的方法，对照专用的坐标图案进行刺绣，多为妇女喜爱。村民绣好后装裱后置于家中或二次出售。

（四）手工活

80 年代以前，村中多数家庭妇女会做小孩穿的老虎鞋、老虎帽、老虎枕和猪鞋等传统手工活。到 2018 年，仍保留给小孩戴老虎奁拉的习俗。

（五）编织

90 年代以前，村中多数妇女会织毛衣、毛裤，钩钱包、拖鞋、水杯套等物品。

五、传统老会

（一）曹庄“遗雅”法鼓音乐老会

1901 年义和团运动失败，一位静海县的义和团成员（人称“桂八爷”），为躲避追查，在大觉庵避难。在此期间，他参加大觉庵法鼓表演。“桂八爷”结合义和团士兵行军时的鼓点，将大觉庵的法鼓曲谱进行改编，以其独特的表现形式受到群众的喜爱。

1903 年，另一位义和团成员王桂林从大稍直口村搬到曹庄子村“道房”居住。通过王桂林，曹庄子村村民马俊山、马俊长联系到“桂八爷”，希望向其学习法鼓。“桂八爷”让他的两位徒弟霍保章、霍保桂两兄弟去曹庄教授法鼓，并留下曲谱。

“遗雅”法鼓音乐老会在曹庄子村已传承六代，其间虽然受到军阀混战、日军入侵和“文化大革命”的影响，但“遗雅”法鼓老会依然遵照传统，保留着一百多年前的风貌。

曹庄“遗雅”法鼓表演需要用鼓、钹、铙三种乐器，演奏时配备鼓一面，铙、钹若干副。表演开始时，由鼓手连续击鼓 3 次，鼓声由强到弱，由慢到快，称为“哨鼓”，表演者听到哨鼓声，立即拿起乐器，双脚八字站立，身体正对前方，目不斜视，表

1988 年，曹庄同乐会“遗雅”法鼓老会参加南开区举办的首届天津民俗文化博览周（朱德慧收集 2018 年）

情安详肃穆。这时，头钹（第一个击钹的人）双手把钹一扬，连击4下，俗称“开”，之后全体演员随其击钹的节奏合奏。

1989年2月（正月十五）曹庄子高跷队参加奥迪斯杯民间花会表演
（朱德慧翻拍于《中北斜乡志》 2018年）

钹、铙的演奏者要加上“要钹”“飞铙”等舞蹈动作，它是在武术的基础上发展而成的，有“缠头裹脑”“举火烧天”“扑蝴蝶”“力托华山”“拨打雕翎”等多种。表演时，铙在演员周身上下翻动、金光熠熠；钹在演员手中烁烁翻动，其长长的缨穗凌空飞舞，是表演中最吸引人的环节。

曹庄“遗雅”法鼓音乐老会可以演奏《老河西》《瘸腿》《新点》《龙须》《新河西》《上擂》等曲目。演奏时表演者身穿义和团时期的传统服装，一面大鼓放在正中，其他演奏者手持铙、钹成对分立两旁。曹庄“遗雅”法鼓音乐是天津特定的社会文化土壤中成长的民间艺术，综合音乐、舞蹈、武术、美术等多种艺术形式，独具特色。

新中国成立后，曹庄同乐会“遗雅”法鼓老会经常组织活动，每年的春节、元宵节、端午节、中秋节和国庆节等重大节日均有出会演出。

1991年5月26日至6月9日，天津市举办首届月季花节，曹庄“遗雅”法鼓老会受邀参加表演，受到天津市和南开区领导的赞扬。

（二）曹庄同利高跷文武老会

清光绪二十二年（1896），曹庄子王姓大户村民一家人经常到娘娘宫上香，有时赶上出皇会（高跷）。儿子看完后回到家中念念不忘，于是父亲用柳木棍给他制出一副高跷腿子，绑上腿子后让父亲扶着他练习走道。一来二去在村里传开，十几个小男孩回去各自仿制一副高跷腿子，整天在一起练习。当时的成员有宋文玉、杨国山、孙长太、侯德山、林长青等人，那时柳木腿子只是以娱乐为主，这就是曹庄高跷会第一代人，也是他们把高跷流传下来的。

20世纪40年代，老一代高跷人精心培育发展第二代，他们当中有于德富、于维和、宋建章、王柏、白云彩、杨德荣等人。他们跟着老队员一块练习，经过艰苦的练习能参加庙会活动。

1950年初春，村民马维伦的姐夫（掩骨会高跷出演公子的刘五爷）到曹庄子看到一群孩子在南运河畔练习高跷。他找到领头人，在领头人的带领下找到村长，刘五爷与村长沟通后，决定这群孩子由掩骨会高跷进行培训。当时由金振日、宋建华等十几名队员师承掩骨会，经正确练习后参加过多次庙会，深得百姓的喜爱，这就是第三代高跷人。

改革开放后，村两委班子高度重视精神文明建设。1985年，由村民金振日牵头请来掩骨会刘凯文、赵玉科两位师傅教授第四代高跷人。村委会授权第三代高跷传承人金振日为会头，由刘、赵两位师傅手把手地教授每个动作，练习时间以每天下午和晚上为主。经过长时间的刻苦训练，队员们具备演出水平，并排练传统高跷节目《渔樵耕读》。1986年正月十五，参加百花迎春杯花会表演，获得"百花迎春杯"。

1987年5月，高跷会参加天津津沽花会大奖赛，获得精神文明奖和荣誉奖。同年，参加天津市百人高跷汇报演出和南开民俗博览周的展演。

1991年5月28日，高跷会参加首届天津市月季花节演出，受到市、区领导的一致好评。此后，金学领、李世杰等4人借调南开文化宫。1993年10月，天津电视台在曹庄子拍摄电视剧《女人天生爱做梦》，高跷队员参加拍摄。

2011年，高跷第五代会员排练八仙庆寿和狮子舞，由南开文化宫钱玉林老师传授与指导。2015年11月10日，参加天津电视台举办的《晨光起舞》大型会演。2016年4月29日，应邀参加妈祖诞辰1056年演出，同年参加第七届妈祖节会演。2017年2月14日，参加中北镇（中央电视台拍摄）"正月正闹元宵"花会展演。2018年5月8日，参加纪念妈祖诞辰1058周年庆典活动；9月，参加天津第九届妈祖旅游文化节。

曹庄子同利文武高跷老会自组建以来，已走过100多年的历程，尤其是2000年以后，每年的元宵节，曹庄子高跷老会均参加演出。曹庄子同利文武高跷老会在津沽大地久负盛名，这种精神和技艺要传承下去。

（三）曹庄国术武跤社（曹庄武跤馆）

民国初期，原义和团成员刘久冠在曹庄子村西头庙门前以缝鞋为生，村民丁振昌（以押镖为生），得知刘久冠武艺高强后拜师门下学习武跤，后丁振昌引荐村民林二爷（年代久远姓名不详）拜师学艺，后带动村民郭立志、河北省霸州闫姓、李姓二位师傅，四人入门习武传承武跤。

1920年后，林二爷、郭立志、闫师傅、李师傅（第一代）传授林邢国然、邢国中、邢国忠、李全星、马维坤、姜世山、李凤义、王玉宽、宋振铎、宋建章、王茂华、丁焕彬、王茂林（第二代）等人传承武跤。

1932年，天津国民政府在北站体育场举行各自门派武术比赛，曹家庄派出林二爷、邢国然、邢国森、郭立志四人上场。林二爷表演三节棍，获得第一名，得名“老楚镖”；郭立志表演绳镖，获得第一名；邢国然表演单刀，邢国森表演小五虎快拳；四人总成绩获得团体二等奖，奖励80元现大洋。曹庄子村武跤队被民国政府定名第24国术馆。

1983年4月，曹庄子村武跤队邀请天津市摔跤名将孟广彬、孔庆海等人在曹庄乐园剪彩活动中进行武跤表演
（王欣禄提供　朱德慧翻拍　2018年）

1949年后，由村民邢国森、宋振铎、王玉宽三位收徒王瑞树、李申海，刘普同、高金祥、张绍生、王欣禄、金学领等人（第三代）传承武跤。

1995年后，村民王欣禄、金学领等人在曹庄子村（老村）家中向村内80、90后（第四代）传承武跤技艺。

2014年，王欣禄在曹庄欣苑重新创建曹庄国术武跤社，更名为曹庄武跤馆。2017年，金学领在中北镇开办崇领武术馆。其中，曹庄武跤馆免费向村内青少年（第五代）传授武跤技艺，为周边区、镇武跤交流提供场所。

近年来，村民王欣禄、金学领多次参加国家、天津市、西青区、中北镇各级武术比赛、武术表演等文化活动，其中2018年7月23—27日，王欣禄、金学领二人代表西青区参加由中国武术协会在山东省菏泽市举办的第十五届全国武术之乡比赛，王欣禄获得男子组达摩铲二等奖、罗汉拳三等奖。8月15日，王欣禄代表西青区参加天津市精武体育会在西青区精武镇举办的世界精武霍元甲英雄会中获得男子老年组罗汉拳、流星锤双一等奖。

曹庄国术武跤社（曹庄武跤馆）所练的拳种有：少林罗汉拳、黑虎拳、二郎拳、大洪拳、小洪拳和十八路大架等拳种，使用的兵器有刀、枪、剑、戟、斧、钺、钩、叉、拐子、流星、绳镖等。

六、古墓陵园

（一）王贵墓

王贵，山东人，为明代中叶处士，生活于正德、嘉靖年间。其一生才华横溢，品德高尚，但一直隐居于市，不出仕为宦。死后葬于村内，墓有山东按察副使陈善撰写的碑铭。

曹庄烈士陵园

王贵墓位于村西 0.5 千米处南运河北岸（今正荣小区院内西侧），解放初期留有石门，村民称石门墓地，“文化大革命”期间拆除。

（二）烈士陵园

曹庄烈士陵园是天津解放战役中部分牺牲烈士的陵园，原址在中北镇曹庄子村西 0.5 千米处。始建于 1949 年 1 月，重建于 1971 年 4 月，现址在南运河北侧御河道曹庄欣苑南 500 米处。

曹庄烈士陵园（朱德慧摄于 2018 年）

曹庄子村位于解放天津战役西路突破口附近。战役打响后，曹庄支前村民于维和、郭得祥等人，从战场上运回 99 位攻城牺牲的烈士遗体，分别停放在曹庄子村民院内。1949 年 1 月 15 日，天津解放，部队派人和村干部联系，将烈士遗体安葬于曹庄子村西，并修建简易陵园。陵园坐西朝东，筑土坟，建土围墙。东西长 20 米，南北宽 10 米，墓前立一块 4 米高的木制纪念碑。碑身通体红色，顶端有一颗红色五角星，正面为黑色楷书：天津战役牺牲烈士永垂不朽。落款为东北人民解放军一一五师，公元一九四九年一月建。

1950 年 6 月，陵园第一次修葺，坟墓改用青砖砌成长方形围墙，中间用土培成拱形顶。纪念碑换成青砖砌成，白灰抹面，高 2.5 米，碑身通体用大黄油漆过。曹庄子村村民程立元用楷书书写红色大字，内容同前。落款为公元 1950 年 6 月重建。

1958 年，陵园进行第二次修葺，程立元重书碑文，内容同前。

1964 年，陵园进行第三次修葺，曹庄子村干部赵文有重书碑文，内容同前。

1971 年，陵园进行第四次修葺，变动较大，改为汉白玉纪念碑。改修的陵园占地 972 平方米，大门朝向改为坐北朝南，面对南运河。陵园建青砖花墙，绿树成荫。庄严肃穆的面南青砖大门楼，门前两尊洁白如玉的石狮，门两侧的水泥墙上刻着毛主席语录。碑文落款为：天津市西郊区九一九公社革命委员会，一九七一年四月重建。

2004 年 3 月，陵园进行第五次修葺，曹庄子村干部王秀增、李学海及群众代表宋泽兴、白宝洋 4 人出资十余万元改造陵园。此次改造将纪念碑底座更换为大理石，墓冢改为大理石结构，翻新围墙，重书毛主席语录，加强绿化建设。

2007 年，陵园进行第六次修葺，由牛吉文、牛庆林父子出资 2 万元修葺陵园院墙。

2012 年，陵园进行第七次修葺，中北镇人民政府投资 300 万元，将烈士陵园围墙拆除，扩建为开放式的红色革命景观，总面积 4942 平方米。烈士陵墓、纪念碑、原生树木位置不变，保留语录牌和石狮。增设祭奠广场和汉白玉围栏、石书简介、观景平台、公共休息及绿化种植几大区域，修建了循环祭奠甬道和若干景观小品。

2018 年 12 月，按照镇党委工作安排计划。2019 年 3 月，将曹庄子村烈士陵园 99 具遗体迁往杨柳青烈士陵园，进行规范化遗体保存。

第二节 教 育

一、学前教育

1958 年人民公社化以后，曹庄子村大搞“三化两院”（生活食堂化，婴幼儿托育托儿化、洗衣缝纫集体化，幸福院、妇产院）。各生产队相继成立托儿所，由 2 ~ 3 名家庭妇女担任保育工作，保育员按社员待遇给记工分，当时只是看孩子，无实质教育教学。

党的十一届三中全会以后，党中央发出全党、全社会都要关心少年儿童健康成长的号召，幼儿教育走向正规化。曹庄大队开始筹办“育红班”，招收学龄前儿童入学。

1982 年春，大队投资 150 万元兴建占地 5660 平方米、建筑面积 550 平方米的群众乐园。1984 年，曹庄子村党支部、村委会决定将群众乐园改作幼儿园，当年共招收 8 个班，其中大班（6 周岁）3 个、中班（5 周岁）2 个、小班（4 周岁）2 个、儿童班（3 周岁）1 个。是年，幼儿园有幼儿教师 10 人，入园 241 人，成为一所校舍整齐、教学有序的正规幼儿园。

红黄蓝幼儿园（朱德慧摄于 2018 年）

1988 年、1991 年，曹庄幼儿园经市级评估获优秀幼儿园称号，并颁发奖状及物质奖励。1987 年，在天津市“庆祝六一儿童节”歌曲会演中，曹庄幼儿园小合唱获得优秀奖。2008 年，老村拆迁，曹庄子村幼儿园停办并拆除。

2011 年 11 月，村民还迁至曹庄欣苑，村集体未设立幼儿园，小区内有红黄蓝幼儿园、中北镇第二小学，由上级教育部门负责管理。村内有 7 所村民开办的个体幼儿园，到 2018 年个人私办幼儿园全部关停。

二、小学教育

（一）小学设置

村内私塾的设立始于清朝末年，办学形式有自办、联合筹办。大部分私塾都由塾师自己设馆，招收学童就读。校舍有的设在自己家中，也有的村提供一两间房子。设备简陋，有的还需自带板凳。

原曹庄小学（朱德慧收集）

1917 年，天津商界爱国人士宋则久在曹庄子村创办“宋氏私立第一国民小学”。小学有教师 2 人，学生 40 多人，其中女生 3 人。同时为成人开办夜校，但后因村民迫于生计，没能坚持办下去。

新中国成立后，曹庄子村将西头庙（观音庙）拆除。1952年改造成校舍，曹庄子村有了第一所村小学。从此，曹庄子村所有适龄儿童能够在家门口学校就读。

中北第二小学（朱德慧收集）

1984年，曹庄子村投资在村北大麦地盖起二层教学楼，占地7000平方米（10亩半地），建筑面积2000平方米，设1～6个年级12个班，学生有600余人，教师有40余人。

2012年春，曹庄欣苑落成后，中北第二小学（原曹庄小学）设在曹庄欣苑小区内。曹庄欣苑村民子弟和外来务工人员子女可在中北第二小学报名上学。

（二）学制

1917年办学初期，执行民国政府重定的“壬戌学制”，初级小学4年、高级小学2年。1928年，执行全国教育会议颁布的“戊辰学制”（四二制，春季始业改为秋季始业）

新中国成立后，普通小学的学制沿用“四二”制，“文化大革命”期间，统改为5年制。1983年起，小学改为6年制并一直延续到2018年。

三、中学教育

（一）中学设置

曹庄子村小学毕业生颇多。以胡同为界，1～8条胡同的毕业生可分配至中北斜中学，9～17条胡同的学生分配至大稍直口中学，初中毕业后可去张家窝中学和九十五中学上高中。后来，大稍直口中学和中北斜中学合并。2000年8月，中北镇成立中北中学，而后曹庄子村小学毕业生可直接入学到中北中学就读初中。少部分学生选择在杨柳青、市区上小学，初中选择杨柳青及市区内的各所中学。初中毕业后，学生可选择杨柳青一中、杨柳青四中、张家窝中学、九十五中学、静文高中等区内区外的高中和西青职专、劳动经济学校、南开职专等区内外各所中专就读。

（二）学制

1964—1968 年，普通中学学制为“三三制”，即中学修业年限为 6 年，初中 3 年，高中 3 年，秋季招生。

1968 年起，学制改为 4 年，初中、高中各为 2 年。1978 年 9 月，学制为 5 年，初中 3 年、高中 2 年。

1982 年起，中学学制恢复 6 年，初中 3 年、高中 3 年，延续到 2018 年。

四、大中专教育

（一）高等教育

2018 年 12 月曹庄子村专科以上学历村民统计表

表 10–1

序号	姓名	性别	出生年月	学历	就读（毕业）学校
1	赵宝忠	男	1966年9月	本科	天津市师范大学
2	冯广芹	男	1967年1月	本科	武汉水运工程学院
3	赵宝国	男	1971年4月	本科	天津大学
4	白宝双	女	1977年12月	本科	天津理工大学
5	许桂娟	女	1978年8月	专科	天津职业大学
6	杨春梅	女	1978年	专科	天津城市建设学院
7	孙兴利	男	1979年4月	本科	安徽工业大学
8	沈学甫	男	1980年10月	本科	天津外国语大学
9	宋则明	男	1981年7月	本科	中国人民解放军炮兵学院
10	邢云峰	男	1981年12月	本科	西安财经大学
11	姜雪颖	女	1981年	本科	天津物资管理干部学院
12	刘玉娟	女	1981年	本科	郑州大学
13	马秀春	男	1982年1月	本科	天津理工大学
14	高超	男	1982年7月	专科	天津中德学院
15	王静	女	1982年7月	本科	天津外国语大学
16	林伟	女	1983年12月	专科	天津生物工程职业技术学院
17	李萍	女	1984年6月	本科	天津外国语大学
18	杨传萍	女	1984年	专科	北京礼仪专修学院
19	王立莹	女	1985年1月	本科	天津农学院

续表 10-1

序号	姓名	性别	出生年月	学历	就读（毕业）学校
20	王玉俊	女	1985年10月	本科	山东泰山医学院
21	赵云巧	女	1986年9月	专科	天津职业技术师范大学
22	白兰芝	女	1986年9月	本科	天津中德职业技术学院
23	赵光夫	男	1986年11月	研究生	南开大学
24	马学浩	男	1987年4月	专科	天津中德职业技术学院
25	赵鹏跃	男	1987年4月	专科	天津开发区职业技术学院
26	马学震	男	1987年9月	本科	北京化工大学北方学院
27	邢桂磊	男	1987年10月	本科	山东第一医科大学
28	牛庆磊	男	1988年1月	本科	天津科技大学
29	杨春蕾	女	1988年1月	专科	天津中德职业技术学院
30	黄学川	男	1988年3月	专科	天津石油职业技术学院
31	冯建民	男	1988年5月	本科	天津科技大学
32	许桂鑫	女	1988年6月	本科	天津财经大学珠江学院
33	张玉倩	女	1988年10月	本科	天津商业大学
34	于滨	男	1988年11月	本科	山东第一医科大学
35	姜立宝	男	1989年7月	本科	天津外国语大学
36	姜雪静	女	1989年12月	本科	天津城建大学
37	马学福	男	1989年12月	本科	天津科技大学
38	李菊	女	1990年1月	专科	天津职业大学
39	于彤	女	1990年2月	本科	天津理工大学
40	郝昱欣	女	1990年8月	专科	天津机电职业技术学院
41	林晓佳	女	1990年9月	本科	天津工业大学
42	黄凤彤	女	1990年10月	硕士	天津师范大学
43	张东	男	1990年11月	本科	天津理工大学
44	刘玉熙	男	1990年11月	本科	郑州大学
45	王志慧	女	1990年12月	专科	天津中德职业技术学院
46	周建强	男	1991年6月	本科	天津理工大学
47	刘亮	男	1991年12月	本科	天津理工大学
48	王庆晨	男	1992年2月	本科	天津理工大学中环信息学院
49	罗承浩	男	1992年5月	专科	天津交通职业学院

续表 10-1

序号	姓名	性别	出生年月	学历	就读（毕业）学校
50	冯雪	女	1992年5月	本科	天津财经大学
51	王宝鑫	女	1992年6月	专科	天津中德应用技术大学
52	赵琪	女	1992年7月	研究生	天津理工大学
53	许桂嘉	男	1992年8月	本科	天津商业大学宝德学院
54	马学宝	男	1992年8月	本科	河北工业大学
55	杨其勇	男	1992年	本科	天津师范大学
56	任志程	男	1993年2月	本科	牡丹江师范学院
57	邢云龙	男	1993年10月	本科	天津理工大学
58	念天磊	男	1993年11月	本科	天津大学
59	宋雪	女	1993年12月	本科	天津师范大学津沽学院
60	朱美	女	1993年12月	本科	天津科技大学
61	朱玉	女	1993年12月	研究生	中国地质大学
62	孙婧	女	1994年1月	本科	辽宁对外经贸学院
63	王彤彤	女	1994年3月	本科	山东财经大学东方学院
64	刘全	男	1994年4月	本科	辽宁工程技术大学
65	李国林	男	1994年8月	本科	天津理工大学
66	李济通	男	1994年8月	本科	天津科技大学
67	李凯	男	1994年8月	本科	天津科技大学
68	马世达	男	1994年8月	本科	桂林理工大学
69	王伟	男	1994年8月	本科	天津理工大学
70	李晴	女	1994年11月	本科	天津理工大学
71	李国洋	男	1994年11月	本科	天津理工大学
72	刘志晴	女	1994年12月	本科	东北大学秦皇岛分校
73	冯士通	男	1994年	本科	天津工业大学
74	李国禧	男	1995年1月	本科	沈阳工学院
75	赵莹	女	1995年1月	本科	天津天狮学院
76	白金凯	男	1995年2月	本科	南开大学滨海学院
77	白金萌	女	1995年2月	本科	南开大学
78	曹琦	女	1995年3月	本科	天津工业大学
79	林楠	女	1995年5月	本科	天津师范大学

续表 10–1

序号	姓名	性别	出生年月	学历	就读（毕业）学校
80	吴浩	男	1995年5月	本科	昆明理工大学
81	李维双	女	1995年6月	本科	天津外国语大学
82	张学旺	男	1995年6月	本科	天津科技大学
83	陈鑫	男	1995年7月	本科	吉林师范大学博达学院
84	孙美玲	女	1995年7月	本科	华北理工大学轻工学院
85	罗美琪	女	1995年8月	本科	天津工业大学
86	王文晴	女	1995年8月	本科	北京师范大学
87	宋昊泽	男	1995年8月	专科	天津中德应用技术大学
88	王坤	女	1995年9月	本科	天津财经大学珠江学院
89	黄风旭	男	1995年10月	本科	重庆大学
90	马桂鹏	男	1995年10月	专科	沈阳城市学院
91	张志萌	女	1995年10月	本科	天津师范大学
92	刘立婷	女	1995年11月	本科	天津财经大学珠江学院
93	白金宇	男	1995年12月	本科	天津外国语大学
94	宋玉晶	女	1995年12月	本科	天津科技大学
95	王鑫	男	1995年12月	本科	天津工业大学
96	邢云山	男	1996年1月	专科	天津现代职业技术学院
97	张俊悦	女	1996年1月	本科	吉林师范大学
98	邢云山	男	1996年1月	专科	天津现代职业技术学院
99	杨震坤	男	1996年2月	本科	天津大学仁爱学院
100	许桂坤	男	1996年3月	本科	南京医科大学
101	于春蕊	女	1996年3月	本科	潍坊医学院
102	黄鑫	女	1996年4月	本科	天津师范大学
103	王桐鑫	男	1996年4月	专科	天津城市建设管理职业技术学院
104	王美悦	女	1996年5月	本科	天津天狮学院
105	高美丽	女	1996年6月	本科	天津城建大学
106	王智鹏	男	1996年6月	专科	天津交通职业学院
107	马占昆	男	1996年6月	本科	天津理工大学
108	韩晴	女	1996年7月	本科	潍坊学院
109	姜雪萌	女	1996年7月	本科	天津理工大学中环信息学院

续表 10-1

序号	姓名	性别	出生年月	学历	就读（毕业）学校
110	李欣	女	1996年7月	本科	东北师范大学
111	庞茂迪	女	1996年7月	本科	天津财经大学
112	任颖	女	1996年7月	本科	天津外国语大学
113	王栋梁	男	1996年7月	本科	辽宁财贸学院
114	李勇	男	1996年8月	本科	河北师范大学汇华学院
115	朱琳	女	1996年8月	专科	天津国土资源和房屋职业学院
116	黄凤伟	男	1996年9月	专科	天津交通职业学院
117	张金美	女	1996年9月	本科	天津科技大学
118	张金琪	女	1996年9月	本科	天津商业大学
119	蒋华	女	1996年10月	专科	天津医学高等专科学校
120	李成刚	男	1996年10月	本科	天津理工大学
121	王志臣	男	1996年10月	本科	天津大学仁爱学院
122	王智淳	女	1996年10月	专科	天津中德应用技术大学
123	赵云帅	女	1996年10月	专科	天津国土资源和房屋职业学院
124	王梦楠	女	1996年11月	专科	天津医学高等专科学校
125	宋延超	男	1996年12月	专科	天津机电职业技术学院
126	张跃	女	1997年1月	本科	天津商业大学宝德学院
127	马学东	男	1997年2月	本科	北京中医药大学
128	王巨媛	女	1997年2月	专科	天津生物工程职业技术学院
129	张露元	男	1997年2月	本科	天津科技大学
130	王美	女	1997年3月	本科	天津大学
131	李杨	男	1997年3月	本科	河北工业大学
132	姜锐	男	1997年4月	本科	天津农学院
133	姜天宇	男	1997年4月	本科	天津农学院
134	梁硕	女	1997年5月	本科	天津医科大学
135	缴鹏	男	1997年7月	本科	天津科技大学
136	邱佳	女	1997年7月	本科	天津工业大学
137	宋媛	女	1997年7月	本科	天津大学
138	宋越	女	1997年7月	本科	天津工业大学
139	宋慧莹	女	1997年7月	本科	天津师范大学

续表 10–1

序号	姓名	性别	出生年月	学历	就读（毕业）学校
140	李增	男	1997年7月	本科	北京科技大学天津学院
141	姜亚晴	女	1997年8月	本科	天津师范大学津沽学院
142	李金娜	女	1997年8月	本科	青岛农业大学海都学院
143	刘磊	男	1997年8月	本科	天津城建大学
144	刘洪妍	女	1997年8月	本科	天津师范大学津沽学院
145	牛猛	男	1997年8月	专科	天津市机电工艺技师学院
146	宋宇昊	男	1997年8月	本科	天津理工大学
147	韩少林	男	1997年9月	本科	大连工业大学
148	马秀茹	女	1997年10月	本科	天津财经大学
149	马秀旺	男	1997年10月	专科	天津市公用技师学院
150	宋令轩	男	1997年10月	专科	天津市公用技师学院
151	王学明	男	1997年10月	本科	天津天狮学院
152	赵颖	女	1997年10月	本科	天津中德应用技术大学
153	刘晴	女	1997年12月	专科	天津生物工程职业技术学院
154	张国瑞	女	1997年12月	本科	北京中医药大学东方学院
155	刘晨	男	1998年1月	本科	天津工业大学
156	王桐瑶	女	1998年1月	专科	天津公安警官职业学院
157	李鑫雨	男	1998年2月	本科	天津师范大学
158	朱婧	女	1998年2月	本科	重庆师范大学
159	白金漉	女	1998年3月	专科	天津中德应用技术大学
160	李成涛	男	1998年3月	本科	天津理工大学
161	王宗妍	女	1998年3月	专科	天津国土资源和房屋职业学院
162	于晓彤	女	1998年3月	本科	天津工业大学
163	念天震	男	1998年4月	专科	天津市公用技师学院
164	杨娜	女	1998年4月	本科	天津城建大学
165	张俊鹏	男	1998年4月	专科	天津现代职业技术学院
166	韩金宝	男	1998年5月	本科	天津中德应用技术大学
167	张秋健	男	1998年6月	本科	天津理工大学中环信息学院
168	赵晗	女	1998年6月	专科	天津生物工程职业技术学院
169	李欣泽	男	1998年7月	专科	天津机电职业技术学院

续表 10-1

序号	姓名	性别	出生年月	学历	就读（毕业）学校
170	刘爽	女	1998年7月	专科	天津生物工程职业技术学院
171	杨学旭	男	1998年8月	本科	天津中德应用技术大学
172	李玉鑫	男	1998年9月	专科	天津城市建设管理职业技术学院
173	邢璐菲	女	1998年9月	本科	天津财经大学
174	张培东	男	1998年9月	本科	天津天狮学院
175	牛世滢	女	1998年10月	专科	天津电子信息职业技术学院
176	吴琼	女	1998年10月	本科	南开大学滨海学院
177	赵鹏宇	男	1998年10月	本科	哈尔滨工程大学
178	刘宏兵	男	1998年11月	专科	天津电子信息职业技术学院
179	王硕	女	1998年11月	本科	云南大学旅游文化学院
180	王宇	女	1998年12月	专科	天津职业大学
181	王敬	女	1998年12月	本科	天津财经大学
182	王文博	男	1998年12月	本科	天津体育学院
183	胡美婧	女	1999年1月	专科	天津商务职业学院
184	项帅	女	1999年1月	本科	天津外国语大学滨海外事学院
185	胡美婧	女	1999年1月	专科	天津商务职业学院
186	林晓鹿	女	1999年2月	专科	天津电子信息职业技术学院
187	刘立颖	女	1999年2月	专科	天津城市职业学院
188	白金岳	男	1999年3月	本科	安徽建筑大学
189	黄凤妍	女	1999年3月	本科	北京中医药大学东方学院中医学院
190	赵晨	女	1999年3月	本科	天津商业大学
191	刘旭	男	1999年4月	本科	天津财经大学珠江学院
192	王亮	男	1999年4月	专科	天津轻工职业技术学院
193	刘爽	女	1999年5月	本科	南开大学滨海学院
194	王媛静	女	1999年5月	本科	沈阳城市建设学院
195	金玉爽	女	1999年6月	专科	天津公安警官职业学院
196	李成超	男	1999年6月	本科	天津大学仁爱学院
197	王同欢	女	1999年6月	本科	山西大学
198	曹续升	男	1999年7月	本科	南开大学
199	王昊	男	1999年7月	专科	天津机电职业技术学院

续表 10-1

序号	姓名	性别	出生年月	学历	就读（毕业）学校
200	邢洪睿	女	1999年7月	本科	河北工业大学
201	沈宇	男	1999年8月	本科	天津工业大学
202	张森	女	1999年8月	专科	眼视光工程学院
203	姜思妤	女	1999年8月	专科	天津医学高等专科学校
204	王雪倩	女	1999年9月	本科	天津商业大学
205	李晓杰	女	1999年10月	本科	燕山大学
206	庞松燚	男	1999年10月	本科	天津商业大学宝德学院
207	马秀玥	女	1999年10月	本科	南开大学滨海学院
208	黄登怡	女	1999年11月	专科	天津中德应用技术大学
209	杨晨	女	1999年11月	本科	天津科技大学
210	秦鹏	男	1999年12月	专科	天津中德应用技术大学
211	牛世帅	男	2000年4月	本科	天津大学
212	王立浩	男	2000年7月	本科	天津财经大学
213	宋剑宇	男	2001年3月	本科	天津大学
214	林鑫	男	2001年4月	本科	天津师范大学外国语学院
215	王立巍	—	—	本科	北京邮电大学
216	王丽娟	女	—	本科	南开大学
217	王美双	女	—	本科	天津中医药大学
218	邢贵仁	男	—	本科	天津财经大学
219	邢学玮	—	—	本科	北京师范大学
220	于小涵	女	—	本科	天津师范大学

注：此表为曹庄子村部分学生统计表，姓名、院校根据 2015—2017 年学费补助及张贴登记通知后村民自行登记，性别、学历、出生年月等信息经工作人员查询后添加。

（二）成人教育

1. 扫盲教育

1952 年冬，曹庄子村根据天津县委的指示要求，在村内设立文教委员，与党、团、妇、民兵紧密配合，动员村民积极报名参加识字班。学员的年龄在 15 ~ 55 岁。当时全国正在推广《祁建华速成识字法》，农民学习的积极性非常高，尤其是青年文盲的热情更高。通过识字班的学习，学员们相互交流心得体会和学习经验。曹庄子村开设两个班，一个群众班、一个民兵班，学员的出勤率均在95%以上。经过一个冬天的扫盲识字学习，大部分学员识字在1000个以上。1985年，相关部门到曹庄子村抽查，“脱盲”人员达到95%。到1995年，曹庄子村全部“脱盲”，成为无文盲村。

2. 农业技术培训

新中国成立后，曹庄子村无经济实体，农业技术也无专人讲课，种地、种菜只是一代接一代往下传。曹庄子村种菜、种花远近闻名，用的都是土技术。人民公社化后，生产队有阳畦技术，负责生产队的育苗、秧苗，用的也都是土办法，按季节育苗。

1982年，中北斜乡成人教育中心成立，并设立农业技术班，曹庄子村许多青壮年男女报名参加专业技术培训。学习班100小时为一个学期，每周有4小时的农业技术学习。学员们学成后，回到村里广泛宣传在学习班学到的经验和技术，并运用到生产实践中，农民们种菜、种花的积极性更加高涨。

1990年，曹庄子村按照中北斜乡党委、政府的要求，党支部书记、村委会主任参加学习培训，支部委员、村委会副主任也要轮流参加学习培训。当时在任的村两委班子成员文化水平较低，按照上级党委政府要求，村两委班子成员分期分批到中北斜乡成人教育中心参加培训。经过2年的培训学习后，班子成员参加统一考试，95%以上成员领取毕业证书，达到大专水平。

2000年后，曹庄子村成立科技文化站，投资购买大量农业技术书籍，供村民学习。

2014年后，曹庄子村党群服务中心设立农家书屋，供村民日常学习。

第三节 体 育

一、体育设施场地

1955年初级社时期，曹庄子村团支部组建乒乓球队，并在村西曹庄小学教室内设立乒乓球台。

1970年，村团支部在村东大桥附近建立篮球场，并于1971年秋，为球场安装照明设备。

1983 年后，村委会购置乒乓球台，安装在村委会院内西屋。

2014 年，曹庄欣苑北侧建设 3400 平方米的 7 人制足球场、420 平方米的标准篮球场和 690 平方米的硬地网球场，供村民健身使用。

曹庄欣苑体育场地（刘小磊提供　2016 年）

二、队伍活动

新中国成立以前，曹庄子村没有群众体育组织。村民们在农闲或者茶余饭后，聚集在一起做一些消遣解闷的健身活动。自发的体育项目有摔跤、举砘子、弹球、砸铁饼、鞋桩、跳绳、踢毽子、游泳等运动。

（一）篮球队

1952 年，曹庄子自发组建第一支农民业余篮球队，队员们的年龄在 20 ~ 30 岁。在没有活动经费的情况下，他们利用劳动之余去周围村庄的棉花地里去拾棉花，积少成多后，挑到市内小西关、如意庵等地去卖，换回钱后，统一购买队服和篮球。队员们利用业余时间努力训练，老队员手把手地教授年轻队员。到 1952 年底，队员发展至 30 名。由于队员人数多，将 30 名队员分为红队、蓝队两个球队，每个球队由一名球技好的球员担任指导。球员们收工后，聚集到球场进行练习，打教学比赛。当时周围村庄也相继成立篮球队，如邢庄子、大稍直口、赵庄子等，曹庄子村的两支球队经常联系这几个村的球队打比赛。

1970 年，曹庄子村发放宅基地占用原有球场，在村东大桥附近建立新的篮球场。1973 年秋，天津青年队和天津女篮在曹庄球场打了一场内部教学比赛，上千人观看，比赛受到农民的好评。

1980 年以后，篮球队的活动与管理工作均由村团支部负责。

2008 年秋，曹庄子村进行平房改造，村民们租房比较分散，很少组织活动。

2012 年春，曹庄欣苑建成，村民们陆续搬迁住进楼房。2014 年，村委会出资在曹庄欣苑后建立标准的篮球场。不少篮球爱好者利用业余时间到球场交流球技，分队比赛。

（二）足球队

1982 年初，20 多名初中毕业生组建曹庄子村第一支业余足球队。当时的村领导十分重视，为足球队联系几家村办企业给予支持。

曹庄子足球队的成立，标志着足球运动开始在曹庄子村发展和传播。这批队员在中学期间奠定基础，积累起战术经验。他们在球场上“漫天飞”，脚下技术、传接球、带球能力不断增强，经常和上下二村的球队打比赛，胜多负少。

1984 年，球队请天津足球名宿张贵来作为球队主教练。队员们在张贵来教练的调教下，战术水平不断提高。1986 年，曹庄子足球队在南开体育场和天津青年队进行一场教学比赛，只以 0∶1 告负。曹庄足球队的守门员左扑右挡，受到天津青年队教练的好评，有意召其到青年队试训，但由于家庭原因未能成行。

1990 年后，又一批初中毕业生回村，组建曹庄子足球二队。自此，曹庄子村有两支足球队，两支足球队经常在一起交流足球技术，打对抗比赛。

1992 年，在中北斜乡第二届农民运动会足球比赛中，两支球队双双进入前四名，在半决赛中两队相遇，结果一队进入决赛，在决赛中战胜了李家园队，获得冠军，二队取得第三名。

2014 年，曹庄子村投资，在曹庄欣苑小区后建立草坪足球场。足球场建成后，附近十几个村和社区的足球爱好者经常去打比赛，进行技术交流。

（三）乒乓球队

曹庄子村乒乓球队建立于新中国成立后。1955 年初级社时期，由曹庄子村团支

2018 年 10 月 12 日，乒乓球队队员合影（朱德慧摄）

部组织建队，并在村西曹庄小学教室内设立乒乓球台。乒乓球队员年龄均在20岁左右。他们利用业余时间在一起训练、交流技术。团支部负责人经常联系周围几个村庄的乒乓球队切磋球技、打比赛。

1983年后，农村实行经济体制改革，村委会为球队购置新的乒乓球台，并安放在村委会院内西屋。

2008年秋，曹庄子村平房改造拆迁后，球队暂时解散。2012年，曹庄欣苑建成后，村民们还迁，住进楼房。队员们重新集中，村委会为乒乓球队安排了2处公建房，作为球队活动场所。重新归队的队员们经常和邢庄子村、假日风景社区、大地12城社区等球队进行比赛。

2013年5月25日，曹庄欣苑小区活动室举行为期2天的曹庄欣苑杯首届乒乓球单打循环赛。

2014年，乒乓球队参加中北镇第十三届全民运动会，获得乒乓球男、女团体冠军。

2017年，曹庄欣苑35号楼旁公建楼增建250平方米的二层楼，设置曹庄欣苑文体中心，乒乓球队在此举办活动。

2018年11月15日，曹庄子村乒乓球队在西青区体育馆举办的“舍得”杯西青区全民健身乒乓球比赛中获得男子团体（社会组）第五名的成绩。

（四）曹庄小学棒球队

曹庄小学棒球队始建于1992年。1993年5月，该棒球队参加天津市棒球联赛获得第三名。同年8月，参加在北京举办的第五届北京国际少年儿童棒球邀请赛获得亚军。1994年6月，参加天津市锦标赛获得冠军。同年7月，参加在北京举办的全国锦标赛获得第四名。1995年1月，参加在成都举办的全国锦标赛获得第五名。同年7月，参加在郑州举办的全国锦标赛获得亚军。

1996年1月，棒球队在四川举办的全国冬季少

曹庄小学棒球队练习照（朱德慧翻拍于《中北斜乡志》 2018年）

年棒球比赛中获得亚军。同年7月，在延吉举办的全国少年棒球锦标赛中获得冠军，捧回金杯。比赛结束后，队员马秀霜入选国家少年队。1997年1月，曹庄小学棒球队参加了在四川新都举办的全国少年棒球锦标赛，获得第三名。同年7月，获得天津市青少年棒球锦标赛亚军。8月，获得第9届国际少儿棒球邀请赛冠军。队员马学磊入选国家少年棒球队。

三、游戏

（一）丢手绢

歌词是："丢，丢，丢手绢，轻轻地放在小朋友的后面，大家不要告诉他。快点快点抓住他，快点快点抓住他。"大家一边唱着歌一边玩游戏。

（二）老鹰抓小鸡

一种多人游戏，在户外或有一定空间的室内进行。由一人扮演老鹰，一人扮演母鸡，其余扮演小鸡。小鸡们一个接一个地排在母鸡后面，母鸡需要挡住老鹰，不让其抓到身后的小鸡，而老鹰要通过跑动等办法抓住母鸡身后的小鸡，或是让小鸡链断开，直到所有小鸡被抓到。

（三）骑马打仗

首先将玩的人分成两拨，然后自愿组合，两人一组，一般比较高大的孩子当马，把另一个背起来，然后两拨人就上马开打、对冲。骑马的人可以用手拉扯对方，只要把人从马上拉下来或使对方连人带马一起摔倒，对方这一对就得下场。直至对方一对都不剩。当马的孩子不准动手拉扯对方，但可以用身体去撞对方的马。

（四）丢沙包

打仗扔石头的变种。要三个人玩，非常锻炼敏捷性。中间的人若被沙包打着不算，直到能用手抓住"打手"扔过来的沙包，才能互换位置。

（五）跳房子（跳船）

在地上画出一摞大大小小的格子，然后按照格子的单双一边前进，一边要把石块踢到正确的格子里，出界或者跳错了格子都算失败，锻炼脚的控制力。跳房子玩法各异，但比较经典的玩法有两种：一种是跳四格房，一种是跳十格房。四格房是一个四个正方形组成的，而十格房的最后两格比较大。

（六）跳马

一个人弓着腰，另一个人借助双手从他背上面跳过去。

（七）其他游戏

其他游戏有捉迷藏、跳皮筋、弹珠（球）、滚铁环、斗鸡、打方宝、砸卡、踢毽子、打陀螺、东南西北、竹蜻蜓、扇毛片儿、抖空竹、砸砖、回头一看等。

四、体育人才

1990 年，李彬、于春强参加市级摔跤比赛并获得冠军，并被选拔参加全国比赛。1996 年 7 月，在青岛举行的全国国际摔跤比赛中，李彬获第四名。

2014 年 9 月，村民宋少领参加中北镇第十三届全民运动会跳远比赛（王秀增摄影）

1996 年 7 月，马秀霜入选国家棒球队少年队，参加在日本举办的第 14 届世界少年棒球锦标赛，中国国家队荣获冠军，马秀霜获得“敢斗奖”。

1996 年，队员白宝亮被输送到天津市专业棒球队，赵学林被输送到广东棒球队。

1997 年 7 月，马学磊入选国家少年棒球队。参加第 15 届世界少年棒球锦标赛，中国国家队获得冠军，马学磊获得“最佳运动员”奖。

1997 年，王学龙、卢纪全被输送到天津体育学院棒球队。

1998 年，白宝亮入选国家青年棒球队，2000 年入选国家队，2002 年参加在韩国釜山举办的第 14 届亚运会。

第十一章　医疗卫生　社会保障

天津解放前，社会医疗条件落后，村民健康得不到保障。解放后，村民医疗保障水平有了明显改善。改革开放后，随着村集体经济的发展壮大，村民福利待遇不断提高。进入 21 世纪，村民退休金从 1984 年的 20 元到提高到 2018 年的 1900 元。与此同时，村民医疗社会保障制度更加完善，有效杜绝了村民因病返贫的现象发生。

第一节　医　疗

一、诊所

新中国成立以前，曹庄子村没有医疗单位，缺医少药。村民们患病，时常求神问卜。一般常见病，村民服用一些民间流传的土方子，如遇有流行性传染病发生则束手无策，认为是“天意”，只好听天由命。患有此类病的人死亡率较高。

当时的曹庄子村仅有村医李洪宾、韩连壁 2 人，能负担得起就医费用的仅限于生活条件好的人家。条件一般的村民（穷人家）轻易舍不得花钱治病。

1952 年，曹庄子村成立第一个联合诊所，有中医大夫 3 人。1954 年，联合诊所扩充为中西医联合诊所。医生增至 5 人，其中西医 2 人，1955 年组建卫生所工作者协会。

1966 年以后，曹庄子村先后培训 8 名“赤脚医生”。之后，曹庄子村成立红医站，村民实行合作医疗，看病不要钱。

1981 年，西郊区人民政府对各村红医站进行整顿，所有“赤脚医生”（村卫生保健员），经考试合格者转为乡村医生，并颁发合格证书。不合格的当卫生员，做乡村医生的助手，当时村内共有“赤脚医生”8 人（其中 1 人兼接生员），

“创建文明城市”工作人员入牛吉全诊所宣传
（朱德慧摄于 2018 年）

经考试有 6 人合格、2 人不合格。

1983 年，农村改革后，有 2 人各自单干，成立私家诊所。

2012 年，村民入住曹庄欣苑后，欣苑小区共有私人诊所 4 家，村民有点小病不出小区就能诊治，大夫也可以出诊，为行动不便的病人提供诊疗。

2018 年，红医站的前身，现曹庄刘大夫诊所在汪庄子村东兴里为镇内的各村和外来人口看病。曹庄欣苑小区 21 号楼的牛大夫诊所、27 号楼的药店、5 号楼旁共建的欣民门诊和 32 号楼旁的边大夫皮肤病诊所为村内外更多的人解决头疼、发热等疾病问题。

1966—1981 年曹庄子村红医站工作人员统计表

表 11–1

姓名	出生年月	负责岗位 / 职务	备注	姓名	出生年月	负责岗位 / 职务	备注
牛绪旺	1938年11月	全科	—	王文月	1954年	全科	已故
郭玉荣	1944年	全科	—	李文凤	1957年	全科	—
刘世洪	1946年9月	负责人	—	侯建文	1957年5月	会计	—
吴殿河	1948年	负责人	已故	牛吉全	1958年8月	全科	—
赵光兰	1950年	全科	—	陈家驹	—	全科	—
王爱琴	—	接生	已故	韩锡全	—	全科	已故

注：以上信息由工作人员查询、走访后整理。

二、传染病防治

新中国成立前，乡间流传着这样一句顺口溜，“不干不净，吃了没病”。曹庄子村在那个年代是：猪羊鸡鸭满街跑，粪便拉满地，行人走道转弯弯，柴草到处堆放，人畜共居一处，泔水屎尿满地泼，环境绝对是脏、乱、差，上述行为是造成传染病的根源。

新中国成立后，为彻底改变环境卫生的脏乱差和缺医少药的突出问题，曹庄子村制定整改计划和措施，号召广大村民要圈养家禽，养猪、养羊到村外建圈，大街设立垃圾箱，胡同下坡安装污水管，农民刷锅洗碗的泔水一律往里倒。

1956 年高级社时，曹庄子村成立保洁队，有 2 辆大车、8 名成员，其中 6 人为清扫队员，队员们清晨从东西两侧进行拉网式的清扫，清扫完用大车拉到垃圾点处理。

1964 年 9 月，当时在天津周边有“2 号病”病毒传播的征兆，医疗卫生队在大稍直口公社为各村培训三大员（卫生检查员、疫情报告员、饮水消毒员）。大队派去的3人回村后各负其责，投入预防工作。

卫生检查员带领队员，清除卫生死角垃圾，改造厕所，实行封肥，疏通污水沟。村支书、大队长带头坚持在厕所投放“六六六”粉，用“敌敌畏”“敌百虫”定期定点进行消毒，并对村民进行霍乱疫苗接种。身为“赤脚医生”的疫情报告员坚持坐诊，为广大村民们看病诊断，遇有疑难杂症及时向上级报告疫情。

1994年12月5日、6日两天，按照国家规定的全国同一时间，让0～4岁的婴幼儿服用“糖丸”（脊髓灰质炎疫苗）作为基础免疫。全村有197名婴幼儿服用“糖丸”，接种率达到100%。饮水消毒员定时向水楼子内投放消毒粉，严格做好预防“病从口入”第一关，保障群众饮水健康。

三、健康体检

（一）老年人健康

为提高广大村民的健康保健意识，增强人民体质，曹庄子村两委班子对全村人民的健康保健工作，始终常抓不懈，采取多种形式宣传健康保健有关常识，同时在基础活动场所设置健康教育宣传栏，还利用大屏幕播放保健知识。

2016年3月2日，村内妇女、老年人体检（刘小磊提供）

2012—2018年，曹庄子村年满60周岁以上的1500余名老年人可以到镇小医院进行查体一次，如查出疾病能及时治疗。

（二）妇女健康保健

新中国成立前，妇幼保健无人问津，特别是育龄妇女生孩子是一道难关。当时，均系旧法接生，卫生条件、技术条件极差。有的产妇、婴儿死于产后“四六风”，如遇难产，产妇及婴儿十有八九丧命。婴儿出生的多，而健康成长的少，产妇患妇科病的多。

新中国成立后，党和政府对妇幼保健工作高度重视。为保护妇女和儿童的身心健康，积极开展妇幼保健工作。首先，培养接生员，推广新法接生，已被广大妇女接受。1980 年以后，多数产妇到医院生产。

1980—2018 年，曹庄子村委会每年给育龄妇女进行 4 ~ 6 次 B 超检查，每次检查 1000 人左右。从 2010 年开始，发放每人 20 元交通补助，做 B 超率达 98%以上。

（三）儿童健康

解放初期，村里儿童开始接种牛痘疫苗（种牛痘）预防天花病。随后是接种麻疹疫苗，预防麻疹病。

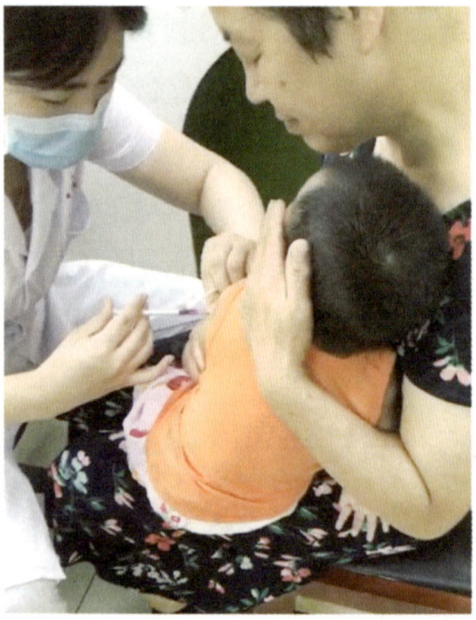
2018 年，村内幼儿在镇小医院接受疫苗注射（罗承浩提供）

1966 年后，村红医站大夫专门负责婴幼儿的普查预防工作，定期组织幼儿进行体格检查，并实行系统管理，制定儿童建卡制度，对新生儿进行登记。落实 0 ~ 7 岁儿童定期体检和免疫接种，使基础免疫的单项接种及“四苗”覆盖率均达到 95%以上，婴儿死亡率逐年下降，各种危及儿童生命的流行病得到控制，其他儿童疾病发病率也明显下降。为预防疾病的发生，坚持对幼儿进行疫苗接种，如麻疹疫苗、百白破疫苗、流行性脑膜炎疫苗、乙脑疫苗、乙肝疫苗、卡介苗等，保证了婴幼儿和儿童的健康成长。

1990 年以后，村民开始去刘大夫诊所和牛大夫诊所进行预防接种。2000 年后，村民逐渐开始去镇小医院进行接种。2008—2018 年，儿童疫苗全部到镇小医院进行接种。现今，国家规定强免（强制免疫）的疫苗免费接种，儿童日后入托、入学都要凭接种证办理入学手续。

第二节　卫　生

一、防病除害

1956 年 1 月，党中央颁布《1956 到 1967 年全国农业发展纲要（草案）》，其中把除“四害”（老鼠、苍蝇、蚊子、麻雀）作为一项主要任务。

1958 年，在全市范围内开展一场全民性的轰麻雀群众运动。同年，在灭蝇方面，曹庄子村提出“标本兼治，以治为主”。大力改善村庄内的环境卫生状况，以减少传染病的发生。

1963 年以后，曹庄子村为防治霍乱、副霍乱的流行，推行高温积肥，防止蝇、蚊滋生。

1964 年，灭鼠活动以户为主，村委会集体购买药物直接发放到每家每户。同年，在市政府卫生医疗队下乡检查大稍直口公社 8 个行政村时，对各村情况进行评比，曹庄子村被评为第一名。

1964—1980 年，灭鼠活动以户为主，村委会集体购买药物直接发放到每家每户。第二代杀鼠药“敌鼠钠盐”开始使用，收到一定的效果。

2007 年，为改善村民的居住环境和质量，村增加保洁人员 50 人，在全村原有的 44 个垃圾箱的基础上又增加了 50 个，增加平载封闭式垃圾箱 4 个，配备保洁车 20 辆、专用机动车 2 部，建沉箱式垃圾转运站 1 处，投入资金 87 万元，保证村内卫生整洁、环境舒适、群众满意。

2013 年，村委会根据小区楼房分布设置 80 处鼠药投放点，每年定期投放，防止老鼠繁殖。

二、改厕

1956 年高级社成立后，曹庄子村成立积肥队，配 1 辆掏粪车，2 名车把式负责全村各个厕所的掏粪工作。6 名人员负责大街胡同垃圾的清扫，由 2 辆大车负责拉运。

1970 年以后，曹庄子村对村内的几个厕所进行升级改造，在新建房处又盖起了 8 个厕所，安装纱窗，防止蚊蝇滋生。特别是 1964 年市医疗卫生队下乡，对彻底改变曹庄子村的环境卫生面貌，增强村民讲卫生的思想意识起到了积极作用。

曹庄欣苑小区公厕（朱德慧摄于 2017 年）

医疗卫生队发动群众大搞环境卫生，宣传爱国卫生，提高群众的健康水平，解决了村民们乱泼乱倒、鸡鸭满街飞、猪狗满街跑的问题，村外设立固定粪场，养猪户对外建园，鸡鸭圈养。在街道放置垃圾箱，有专人清扫。定时定点清运，做到日清日洁，街道清扫干净率达到 100%。

2004 年，为响应上级政府的号召，村投资 30 余万元安排 800 户村民对户厕进行改造，并投资建成 4 个化粪井，对户厕进行配套。

第三节　社会保障

一、退休保障

（一）退休金制度

1982 年以前，村内没有退休金制度，年迈村民丧失劳动力后，生活来源全部依赖子女。

1984 年，曹庄子村开始实行老年人退休制度，开始发放退休费，标准为男性 65 岁退休、女性55岁退休，男20元/月、女15元/月，1995年改为男、女同样50元/月。

1990 年，男 60 岁、女 50 岁退休，男、女退休费人均 40 元 / 月。

1995 年，男 60 岁、女 50 岁退休，男、女退休费人均 50 元 / 月。

2006 年，男 60 岁、女 55 岁退休，男、女退休费人均 200 元 / 月。

2016 年，男 60 岁、女 55 岁退休，男、女退休费人均 850 元 / 月。

2018 年，男 60 岁、女 55 岁退休，退休费最高 1900 余元 / 月，最低 1450 元 / 月。

（二）农业人口养老保险

为解决农民退休养老问题，保证老人有稳定的生活，村委会从 2016 年底开始为本村农民老人缴纳养老保险，共为全村 699 名退休老人缴纳了养老保险。全村交款 5800 万元，农民个人无需缴费。2016 年 12 月，村民开始享受此待遇，最低的每月领取 1350 元，最高的 1740 元。

2006 年，曹庄子村委会为本村 1947 年以后出生的男性村民、1957 年以后出生的女性村民，共计 1995 人缴纳养老保险。由村委会缴纳每人 2 万元、个人支付 4500 元，共计 2.45 万元。到 2016 年，有男性 261 人、女性 484 人领取养老金，最高 1560 元，最低 808 元。

2016 年，根据上级保险部门的规定，村委会结合村实际又为符合条件的 588 人缴纳城镇养老保险，每人 64650 元，本村代缴 3800 万元。

以上三项保险金，全村有 3280 人缴纳养老保险，占全村总人口的 69%，使全村村民做到老有所养。

二、医疗保障

（一）农村合作医疗

1. 旧农合

红医站从 1964 年开始成立，村实行公费合作医疗制度，村民在村红医站免费看病拿药，由村集体负担。村民到卫生院看病需要到大队拿三联单。1964—1965 年，村民到红医站看病实行个人全额免单，即看病、药费全由村委会负担。到 1966 年，由于药品的浪费加重了村集体的负担，开始实行村民在红医站看病，药费由村民个人负担 30%，村集体负担 70%。个人负担的药费部分由红医站转到村大队，大队转给病人所在生产队，生产队在年终分配时扣除，该方法实行到 1970 年。

2. 新农合

2005 年 6 月，村党支部、村委会积极贯彻推行镇政府部署的新型农村合作医疗制度，全村村民每人每年合作医疗参合金由村集体负担，参合率达 100%，村民凭住院医疗单，可报销部分住院医疗费，最大限度减轻村民负担，防止村民因病致贫、因病返贫。2005—2009 年，新型合作医疗制度实行。

（二）城乡居民基本医疗保险

2010 年 4 月，曹庄子村实施城乡居民基本医疗保险，村委会为全村村民办理城镇居民医保卡，村民享受医保待遇，方便村民看病就医，至 2018 年延续使用。

（三）村医疗保险补贴政策

1. 村补贴政策

2005 年，中北镇政府以文件形式下发至各村，要求各村按文件执行农村医疗保险补贴政策。

具体办法是：每人每年缴纳 30 元，村集体可根据本村条件对村民给予适当补贴。镇财政对参加合作医疗的农民每人每年投入 20 元，市财政投入 10 元、区财政投入 40 元。

曹庄子村村民个人无需缴纳，全部由村集体代为缴纳，加上市、区、镇共计100元，全村村民参加农村医疗保险。

2. 大病救助办法

为进一步减轻村民医疗费用负担，提高医疗保障水平，防止大病致贫、大病返贫现象的发生，村委会决定为村民建立重大疾病医疗救助制度。2017年1月，经全村党员、村民代表签字表决通过《曹庄子村关于实施重大疾病医疗救助办法的决议》。

3. 村近年支付情况

2015年，为全体村民缴纳医疗保险，其中3798人每人90元、317人每人70元、在校学生520人的医疗保险在学校统一按每人30元缴纳，村里给予医疗保费报销、对特殊病的门诊费给予报销，患重大疾病的村民医疗费超过18万元的给予大额补助。全年对村民的医疗补贴16.9万元。

2016年，全村发放医疗补贴45.33万元。

2017年，全村为2018人缴纳医疗保险，共计73.88万元。全年住院493人，村集体报销46万元。门诊特殊病162人，村集体报销12.8万元。2016年制定的大病救助决议做到了精准扶贫，2017年为自费超过1万元的80个重大疾病家庭在报销各项医疗保险后，又为其报销50.13万元。

2018年，村医疗二次报销、缴纳城乡医疗保险、新生儿医疗保险和村大病救助金共计发放140.35万元。

附：

曹庄子村关于实施重大疾病医疗救助办法的决议

为进一步减轻曹庄子村村民医疗费用负担，提高医疗保障水平，防止大病致贫、大病返贫现象的发生，现决定对曹庄子村村民发生重大疾病医疗建立大病救助制度，决议如下：

一、救助范围：

1. 具有本村农籍户口，享受村民待遇，并已通过医疗保险报销的人员。

2. 救助对象在本年度住院（含门诊特殊病）发生的医疗费用，天津市基本医疗保险最高限额以下部分，在完成基本医疗保险报销及区、镇、村医疗补助后个人负担的医疗费用剩余部分。

二、救助标准：

1. 曹庄子村重大疾病医疗救助每年年终报销一次。

2. 医疗费用个人负担超过10000元的部分给予救助，也就是个人负担部分减除

10000 元剩余部分给予 40% 报销，超过 30000 元以上的部分按 60% 比例进行报销。

3. 一年内村民因发生重大疾病，村集体给予医疗救助金最高限额为 40000 元。

4. 区、镇、村医疗补助报销所用的票据、医保支付审核单、诊断证明原件等原始票据的复印件，作为办理曹庄子村实施重大疾病医疗救助凭证。

5. 门诊、急诊和其他非住院（含非门诊特殊病）发生的医疗费用不在本救助办法范围。

6. 本决议适用于 2016 年 1 月 1 日后村民住院（含门诊特殊病）发生的医疗费用。

第四节 帮 扶

一、困难群众

困难群众多为残疾或因病致贫、因病返贫的村民。村委会及上级民政部门多年来始终坚持为民、惠民、便民的方针帮扶困难群众，为困难村民解决工作问题，给予资金、物资上的帮助，积极为困难群众做好各项服务，排忧解难。

2011 年，全村办理最低生活保障 16 户，生活不能自理的残疾人享受每月生活补贴 130 元的 9 户，安排就业 110 人。为使每个家庭都能过上一个祥和的春节，对那些生活困难户特别是因病返贫户给予救济，发放粮油慰问品 19 户，给 27 户补助每户 500 元，给 8 户每户发放 2000 元，给 23 户每户发放 3000 元。

2012 年，全村安排就业 150 人。春节前，对那些生活困难户特别是因病返贫户给予救济，发放粮油慰问 16 户，给 9 户补助每户 1000 元，救济 28 户，为每户发放 2000 元，救济 13 户每户发放 3000 元。

到 2016 年，由于上级部门对低保标准的严格审查和村委会不断提高村民待遇，特制定大病救助办法。村委会采取多种工作举措，不断帮扶困难群众，至 2018 年 12 月，曹庄子村低保家庭户共有 5 户。

二、残疾人

随着社会的发展，村经济水平大幅度提高，村民退休费提高，医疗补助增加，各种补助逐年增长，使村原来的困难户逐步改变生活质量。至 2017 年 12 月，全村有残疾人 175 人，其中男性 99 人、女性 76 人；已退休 79 人，未退休 96 人。

残疾人除享受村里同等待遇外还享受残疾人的特殊待遇，如：给予困难残疾人取暖补贴（23 人），重度残疾人护理补贴（55 人），视力、听力、语言残疾人通信补贴（20 人），困难参加人生活补贴（3 人），残疾学生助学补贴（6 人），重度残疾人居家养老服务补贴（50 人）。

第十二章　村民生活

新中国成立前，曹庄子村民多为佃户，生活困苦。新中国成立后，人民当家做了主人，日子日渐向好。尤其是改革开放以后，实行家庭联产承包责任制，充分调动了村民生产积极性，收入水平大幅提高。村民的生活发生了翻天覆地的变化，衣食住行样样富足。进入 21 世纪后，村民物质生活富足。村民的收入来源从以家庭种植经营为主转变为以工资、经营性收入、租赁收入为主。村集体收入的红利也愈来愈多地惠及每个村民。村民幸福指数不断提升，消费水平、消费方式发生了历史性转变，精神文化生活消费比例不断提高，生活方式逐渐与大都市相融合。

第一节　家庭收入

一、生产队时期收入

新中国成立后，随着农业的发展，到人民公社时期，男劳动力出工一天挣 11 分，女劳动力挣 8 分至 9 分。每个生产队的年终收入不一样，生产效益好的生产队年终分红的分值就高些，如 12 队男劳力一年挣 3500 分，分红分值为 0.18 元，相乘等于 630 元。生产效益低的生产队，年终分红分值只有 7.8 分钱，核算为 280 元。每月开支男 10 元，女 8 元。减去全年的开支，如粮食款、菜款、电费、看病医疗、平常借款，一年下来也是所剩无几，尤其是劳动力少、人口多的家庭，每年都亏欠生产队的款。

股金证、社员证（姜树林提供　2017 年）

二、工资性收入

1978 年，农村实行家庭联产承包责任制，农业生产得到发展。随着农民家庭副业、个体企业、村办企业、乡办企业的迅猛发展，部分农民转入工厂上班，经济收入逐渐增加。从80年代的月工资几十元，发展到90年代末的月工资1000元左右。进入21世纪，随着经济水平的提高，工资收入逐年增长，到2018年，职工工资收入每月4000元左右。

村民在星光橡塑厂工作（王秀增提供）

三、租赁收入

90年代后，随着村民生活水平的提高和外来人口的增多，部分村民将自家沿街的平房进行改造作为门面房，出租给外来商户进行经营。2000年以后，部分村民根据规划及工业的发展，建设厂房进行租赁。

20世纪90年代的民乐饭店（邢桂堂提供 2018年）

2011年12月，曹庄子村民还迁至曹庄欣苑小区，由于小区位置有优势，部分村民将自家富余的楼房进行出租。到2018年，小区内村民自营的房屋中介多达5家，小户型（47～85平方米）出租价格在1500～2000元，大户型（106～115平方米）出租价格在2000～3000元。出租价格根据房子大小、位置及用途而定，如小区中心广场附近一楼房子价格偏高，出租后商户进行个体经营。

2018年5月，罗晓飞、罗群祥录制节目（朱德慧摄）

四、经营性收入

20 世纪 50—60 年代，村内个体经营户较少，仅有为数不多的杂货小铺，年经营性收入仅几十元。70 年代，村内几乎没有个体经营。80 年代，改革开放后，个体经营逐渐增多，以生产用品、生活用品、餐饮、花卉种植经营为主，年经营性收入千元到万元。90 年代后，村民以工程建筑、运输、花卉种植、餐饮经营等为主。随着村实行退菜种花，大多数村民以花卉种植为主，年经营性收入几万元到几十万元。21 世纪，随着老村拆迁和政府对土地的统一规划，小规模个体经营户逐渐减少，以汽车配件销售、花卉零售、工程建筑、物流运输、机械加工为主，年经营性收入几十万元到上百万元，更有效益好的个体户年经营性收入达千万元。

五、福利待遇

（一）失地补偿金

曹庄子村村民（农业户口）年满 18 周岁（以此类推）至退休，均享受每人每月 300 元的失地补偿金。

（二）口粮与节日补贴

春节是一年中最热闹的节日，曹庄子村委会近十几年来每年在春节期间向村民发放节日补贴。2017 年，发放标准为 18 周岁以上农业户籍村民补贴 2000 元（包括口粮钱），18 周岁以下为 1000 元（包括口粮钱）。

（三）物业费补贴

曹庄子村村民自 2012 年搬入曹庄欣苑后，物业费每平方米 1.30 元，凡属曹庄子村村民（包括非农业户）一直由村委会出资代缴，每年缴纳费用 500 万元左右。

（四）学费补贴

2010 年 7 月 21 日，村民代表大会通过《关于对中高等教育院校全日制在校学生给予发放助学补贴的决议》，助学补贴按曹庄子村职专技校生每人年补贴 1000 元，高中生每人年补贴 1500 元，大专生每人年补贴 2500 元，本科生以上学历每人年补贴 3000 元的补贴标准实行。

2014 年，对曹庄子村就读具有合法资质幼儿园的农业户籍子女，按照国家法定的上学月数给予每人每月 400 元的补助。

（五）丧葬补贴

2014 年，村出台《关于禁止丧事大操大办的补充规定》（简称《补充规定》），对于遵守《管理细则》及《补充规定》丧事简办的村民，村委会给予3000元丧葬补贴。2017年，调整为12000元。

第二节　生活消费

解放初期，生活消费水平低，多数村民过着“糠菜半年粮”的生活，穿的是补丁摞补丁的衣服，住的是土坯房，外出靠步行。

20世纪50—60年代，家庭收入不断提高，消费水平也随之上升，主食以粗粮为主，一年添置一两件衣服，居住条件逐步改善。

70年代，有些村民翻盖起新房，条件好的村民有了自行车，家庭收入大部分用于吃饭、穿衣等基本生活需要，少数村民用多年的积蓄建房造屋。

80年代女方结婚陪嫁首饰盒
（朱德慧摄于2017年）

80年代初期，消费水平快速提升，新人结婚添置三大件由自行车、手表、缝纫机变为冰箱、彩电、录放机。村民衣着也发生了较大的改变。除基本生活外，村民用于建房、子女上学、人情交往的费用有所增加。

90年代，村民生活越来越好，饮食多样化，购买衣着消费增加，住房观念不断更新，用于家庭装修等支出越来越多，自行车、摩托车普及，条件好的家庭购置汽车，用于子女上学费用逐年上升，房屋消费、婚丧嫁娶费用不断增加。

21世纪初，随着家庭收入的不断增加，村民消费观念从80年代初的温饱型消费逐步转入享受型理性消费，生活消费方式呈现多样化，包括食品、衣着、居住、家庭设备用品及服务、医疗保健、交通及通信、文教娱乐用品等支出。贷款消费、银联卡消费、网上购物消费、拼团消费等消费方式出现。到2018年，除上述消费方式以外，信用卡消费、电子支付等消费方式也较普遍。年轻人结婚除婚房内的家具和家电外，购置小轿车支出、彩礼钱也是逐年增加。

一、消费结构

村民生活消费主要包括食品、衣着、居住、家庭用品及医疗保健、交通通信、文教娱乐、旅游等支出。1980年，村民家庭人均年生活消费300元左右。其中，食品支出约占45%，位居第一；衣着支出约占20%，位居第二；居住支出19%，位居第三；其他各项支出约占16%，位居第四。

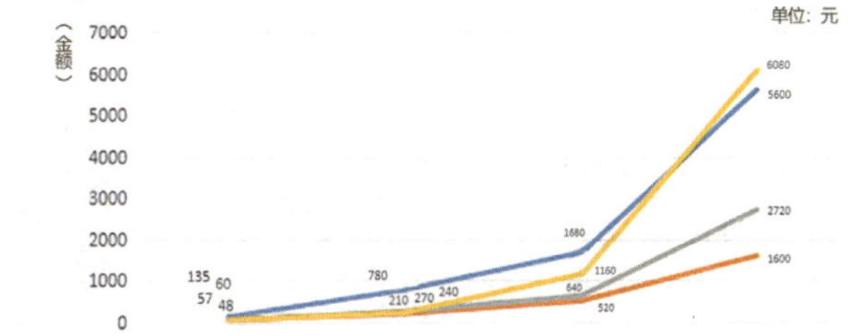

年份	1980年	1990年	2000年	2018年
食品支出	135	780	1680	5600
衣着支出	60	210	520	1600
居住支出	57	270	640	2720
其他支出	48	240	1160	6080

图 12-1　1980—2018 年曹庄子村不同年份人均生活消费分项示意图

1990年，村民人均年生活消费约1500元，是1980年的5倍。其中，食品支出约占人均消费总额的52%，位居第一；衣着支出约占14%，位居第四；居住支出约占18%，位居第二；其他各类支出约占16%，位居第三。

2000年，村民人均年生活消费总额约4000元，是1990年的2.67倍。其中，食品支出约占42%，位居第一；居住支出约占16%，位居第三；衣着支出约占13%，位居第四；其他各项支出约占29%，位居第二。

2018年，村民人均年生活消费总额约1.6万元，是2000年的4倍。其中，食品支出约占35%，位居第二；居住支出约占17%，位居第三；衣着支出约占10%，位居第四；其他支出约占38%，位居第一。

二、消费水平

（一）衣着

20世纪80年代初期，棉布凭票供应，衣服添置受到限制。1980年，村民衣着人均支出60元，占人均总消费额度的20%。1990年，村民衣着人均支出210元，占人均总消费额度的14%。2000年，村民衣着人均支出520元，占人均总消费额度的13%。2018年，村民衣着人均支出1600元，占人均总消费额度的10%。

（二）食品

1980—1989年，曹庄子村民的恩格尔系数基本稳定在41%～45%。1990—1999年，由于物价增长较快，恩格尔系数处于50%～55%。2000—2018年，恩格尔系数处于 38% ~ 42%，该时期多数年份恩格尔系数多处于 40% 以下，村民生活达到较富裕的水平。

1980 年，曹庄子村民人均食品支出 135 元，占人均消费总额的 45%。1990 年，村民人均食品支出 780 元，占人均消费总额的 52%。2000 年，村民家庭人均食品支出 1680 元，占人均消费总额的 42%。2018 年，村民家庭人均食品支出 5600 元，占人均消费总额的 35%。

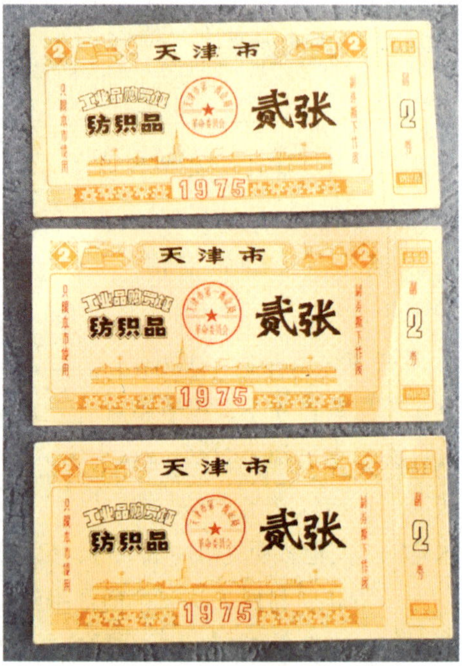

1975 年纺织品票（姜树林提供　2017 年）

（三）居住

1980 年，村民居住支出人均 57 元，占人均总消费额度的 19%。1990 年，村民居住支出人均 270 元，占人均消费总额的 18%。2000 年，村民居住支出人均 640 元，占人均消费总额的 16%。2018 年，村民居住支出人均 2720 元，占人均消费总额的 17%。

（四）其他消费

其他消费包括医疗保健、婚庆消费、丧葬消费、交通信息费用、子女教育等。1980 年村民其他消费人均支出 48 元，占人均总消费额度的 16%。1990 年，村民其他消费人均支出 240 元，占人均总消费额度的 16%。2000 年，村民其他消费人均支出

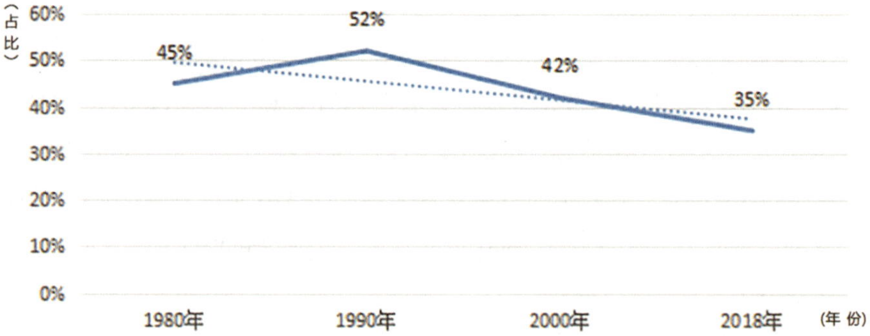

图 12-2　1980—2018 年曹庄子村不同年份恩格尔系数示意图

1160元，占人均总消费额度的29%。2018年，村民其他消费人均支出6080元，占人均总消费额度的38%。

三、饮食

（一）主食

1966年粗粮2500克粮票（姜树林提供　2017年）

新中国成立前，仅有少数富裕农民能过上温饱的生活，大多数农民过着半年糠菜半年粮的生活，不少农户甚至是吃了上顿没下顿。特别是抗日战争时期，豆饼（原来是做肥料用的）、杂和面、麸子等成为主要食品，甚至以黄蓿菜、苜蓿菜、灰灰菜、各种树叶、稗草籽、野绿豆、地梨等野生植物充饥。更有贫困户逢年过节连顿饺子、捞面都吃不上。

20世纪50、60年代，各餐主食以玉米面、高粱面、小米为主，大米、小米、面粉较少。主食有玉米面饽饽、窝头之类，有时用玉米面包菜团子，也有的用高粱面掺上榆树皮轧饸饹。白面只有逢年过节才能吃上，用于包饺子、捞面条。

80年代，随着小麦、水稻种植面积的不断扩大，大米、白面渐成主食。到90年代末，白面、稻米占主食比例达90%以上。村民吃玉米面、红薯等粗粮为“换口味”，午饭、晚饭主食外购的增多，多为馒头、大饼、花卷，半成品为切面、速冻饺子等。

进入21世纪，早点有嘎巴菜（锅巴菜）、浆子、老豆腐、烧饼、果子（油条）、云吞、素丸子汤、各种粥。主食米饭、馒头、花卷、大饼、饺子、包子、捞面为家常便饭，黑米、香米、小米、大豆等各类杂粮也备受村民们的青睐。尤其中老年人更加注重食品的营养和保健，在家自制豆浆者增多。

20世纪70、80年代，晚饭多备稀饭、粥、汤等稀食，俗称“喝稀的”，稀饭有大米稀饭、小米稀饭、咸饭等，粥有玉米面粥、玉米渣子粥、红豆粥等，汤有西红柿汤、疙瘩汤等。从90年代发展到2018年，市场副食供应充足，种类越来越多，番茄汤、酸辣汤、丸子汤、鱼汤、排骨汤、酸菜白肉等汤菜在村民家中餐桌常见，平时老人、妇女多喝银耳莲子汤、冰糖梨汤、红果酪等，为了保健养生、消食开胃。人们为了换口味，常以玉米面、渣子粥、手擀面汤调剂。

2005年以后，随着餐饮的品牌化，快餐食品越来越多地受到年轻人和儿童的青睐。

（二）副食

1. 蔬菜

解放初期，副食以自产蔬菜为主。冬天以大白菜、土豆、山芋为主；夏天品种较多，有茄子、辣椒、黄瓜、豆角、圆白菜等。

改革开放后，特别是80年代以后，温室大棚种植越来越多，蔬菜不分季节，南菜可以北种，蔬菜供应逐步实现“四季青”，村民可自由选购根菜、瓜菜、叶菜等各类蔬菜，不再像过去一样冬天储存大白菜。

从21世纪初发展到2018年，各种菜品供应不断，西蓝花、紫甘蓝、有机菜花、苦菊、秋葵、空心菜等越来越多的品种走上村民的餐桌。蔬菜消费在村民日常饮食中的占比第一。随着生活水平的提高，人们越来越注重养生，部分村民春季到地里挖蒲公英、马须菜等“稀罕菜”食用。

2. 肉类、鲜蛋

解放初期，鸡、鸭、鱼、肉之类的仅在过年时才能吃上一点，有的农户就是过年时也未必能买得起一二斤猪肉。70年代末到80年代，购买肉、蛋凭肉票和副食本，每月限量供应。90年代开始，各类副食开放供应，猪、牛、羊、鸡、鸭等肉类货源充足，但多数村民购买瘦肉居多。如今，村民餐桌上菜肴荤素搭配，营养丰盛。

3. 奶制品

70年代末到80年代初，奶制品匮乏，供应受限，主要为奶粉和鲜奶。80年代末至90年代，随着副食品供应的全面敞开，奶品供应充足，鲜奶尤为突出，村民收入水平尚不高，并受传统饮食习惯的影响，购买力有限。

进入21世纪后，随着村民的生活水平迅速提高和膳食结构调整，对奶制品的需求不断增加，奶制品在村民饮食中越来越重要。

4. 水产品

80年代，除野生鱼虾外，其他水产品在村民餐桌上不多见。90年代，水产品一年四季充足，以鲤鱼、草鱼、鲫鱼等淡水产品为主，海产品食用较少，多为带鱼、橡皮鱼、皮皮虾等。进入21世纪，各类水产品繁多，应季海鲜消费量增大，海蟹、鲽鱼、多宝鱼、黄花鱼等成为村民家中宴请亲朋好友的重要食材。如今，村民开始食用三文鱼、北极贝、龙虾、鲍鱼、海参等水产品。

5. 干鲜果品

50—60年代，干鲜果品以瓜子、花生、苹果、鸭梨为主，但购买的人较少。70—80年代，干鲜果品供应不足，主要有香蕉、苹果、栗子、核桃等。80年代末到 90 年代，苹果、鸭梨、桃子、葡萄、龙眼等种类增多，干果有花生、瓜子、松子、榛子等。

到 21 世纪，市场干鲜果品种类繁多，一年四季供应不断，除苹果、梨等传统水果外，还有橙子、荔枝、杨桃、草莓、芒果、蓝莓、桂圆等，进口的有榴莲、蛇果、车厘子、凤梨等水果。水果消费不分季节，不分节日。除瓜子等传统干货外，开心果、大杏仁、巴旦木、开口笑、腰果及各种果脯成为村民消费新宠。

6. 饮品

70 年代末，饮品以白酒、果酒及汽水为主，啤酒有限。90 年代后，随着村民收入的增加，各种品牌的白酒、果酒、啤酒等种类繁多，饮料取代了传统饮品，随着喜寿婚宴等宴会聚餐的增多，村民享用饮品数量大增。

21 世纪至今，传统品牌白酒不断攀升，新品白酒种类不断上市，各种啤酒应有尽有。杏仁露、核桃露、橙汁、桃汁等各种饮料及不同规格的葡萄酒成为村民常用饮品。

（三）传统风味

韩家乌豆　风味独特，选优质蚕豆，水浸发芽，煮时火候掌握恰到好处，鲜香适口，绵软易烂。韩家乌豆到 90 年代末停止营业。

煎饼果子　由绿豆面薄饼、鸡蛋、油条或者薄脆的“馃篦儿”组成，以面酱、葱末、腐乳、辣椒酱（可选）作为佐料，口感咸香。如今的煎饼果子原料不限于绿豆面摊成的薄饼，还有黄豆面、黑豆面等多种选择。村内金记煎饼味道首屈一指，村民较为喜欢。

鲜切面　家庭手工面条，由于加水较多，面筋形成充分，因而面条耐煮、筋性较强、不易混汤，口感比挂面要好许多。新中国成立后，村民多购买王再生家的鲜切面。20 世纪 80—90 年代，马学领、王欣荣夫妻的鲜切面颇受欢迎。2012 年村民还迁后，杨春礼家的鲜切面供应全村村民食用。

素卷圈　天津独特风味小吃，其做法是将大红粉皮、豆芽菜、香菜末拌以大块酱豆腐和小磨香油，调成素馅。将面皮裁成小块，裹素馅，卷成小枕头样式。外边挂面糊，用油炸至金黄色，即可食用。口感外焦里嫩，咸淡适宜，别有风味，可夹在大饼里吃。村内马大姑传统素卷圈较为出名。

四、服饰

（一）服装

新中国成立前，村民衣料以粗、细布料为主。男性四季以蓝色、黑色为主，其中夏季以白（十斤白）色、灰色为主；女性以各种颜色花布及红、蓝、白等颜色为主。50 年代，棉布、棉花凭布票和棉花票供应，中青年穿自家做的衣服的少了，开始穿中山服、制服；青年妇女时兴穿列宁服。60 年代中期，绿色军便服盛行。70 年代，穿夹克、制服、大衣的较多，妇女穿马甲较为普遍，布料品种增多，质量提高，有斜纹布、卡其布、华达呢、条绒等布料。服装款式也有很大变化，逐渐时兴穿背心、裤衩，女性穿长、短裙子渐多。

1983 年，棉花票、布票废止，服装趋于多样化，面料颜色逐渐增多，传统中山装及其他老式纯棉服装遭受冷落，开始以呢子大衣、西装、皮鞋等为正装，年轻女性尤以穿紧身衣、牛仔服、喇叭裤、长筒袜、高跟鞋为时尚。90 年代，时兴蝙蝠衫、"萝卜"裤等，七分裤、九分裤也是中青年女性选购的热门裤，真皮大衣、裘皮大衣等防寒服装在冬季较为流行。

进入 21 世纪，村民消费观念发生变化，服装面料讲究舒适，颜色喜欢鲜艳，款式喜欢新颖。夏天时兴穿 T 恤及真丝、亚麻服装，冬季时兴穿保暖内衣及羽绒服。随着村民收入的提高，选购名牌服装者越来越多，除追求美观之外，更加注重舒适、健康、环保。

（二）鞋、袜

旧时，女性盛行缠足，用长布条裹足，穿尖足布袜，木底或布底小靴子。

民国时期，已缠足的女性有的放足，在这部分人中流行一种"放足鞋"。一般妇女多穿自做绣花鞋，穿自做布袜，穿破后，再进行缝补。农户家中都备有木制袜楦。补袜子是当时家庭妇女的主要针线活之一。农民夏天一般都不穿袜子。

新中国成立后，绣花鞋逐渐被淘汰，中青年妇女多穿布底偏扣鞋。一般劳动人民均穿自做纳帮纳底鞋，有"两道脸"纳底布面鞋，后时兴长脸圆口布鞋、纳帮洒鞋。布袜逐渐被淘汰，被机织线袜代替。

60—70 年代，塑料底开始盛行，有球鞋、塑料凉鞋，后皮鞋逐渐兴起，有反鹿皮鞋。尼龙丝袜、锦纶丝袜逐渐出现。70 年代末，补袜子这道工序已成为历史。

80—90 年代，大部分人都穿皮暖靴、长筒马靴，各式各样的旅游鞋普遍盛行，老人穿松紧口、圆口布鞋。袜子花样品种逐渐增多，青年妇女盛行穿连裤袜。

进入 21 世纪，高跟鞋、尖头鞋、长筒靴、雪地靴等品种繁多。条件好的村民更喜欢购买国内、国外名牌鞋品。到 2018 年，人们选鞋注重舒适、轻便、美观、质量。青年人穿鞋讲究款式、档次、品牌。袜子分长筒、中筒、短筒、船袜以及裤袜，材质有竹纤维、木纤维、棉等。

（三）帽子、发型、饰品

新中国成立前，村里有挑着理发工具或者背包串村的理发师傅走街串巷为村民剪发。老年妇女梳盘头，戴平绒套帽。中青年妇女婚前留长辫子（有单辫、双辫），婚后为齐肩短发，前留“齐眉穗”。女性婚后挽髻插簪，佩戴手镯、耳环、戒指，材质有金、银、包金、包银等。

50—60 年代，中青年到理发店去理发的逐渐增多，样式有平头、分头、学士头。农民夏天爱戴草帽，冬天戴棉帽，老年人戴帽头，兴戴列宁帽、八角帽、圆顶帽，佩戴饰物的现象大为减少。

70—80 年代，村民流行戴绿色军帽，鸭舌帽常与西装搭配，再度流行佩戴饰品，戴手表的人大为增多。

90 年代，随着西方文化的涌入，帽子有宽边的草帽，女士帽装饰有蝴蝶结，戴手表的人大为增多。

21 世纪，随着村民的生活水平不断提高，佩戴首饰、手表呈品牌化，戴钻石戒指、玉石玛瑙及文玩饰品的人越来越多。各种春秋帽、运动帽、礼帽及国内外知名品牌帽子，商场一应俱全。村民发型样式繁多，烫发的、染发的渐多。年轻人烫发、染发成为追求流行的标志。

五、居住

（一）住房结构

新中国成立后，绝大多数农户住的都是老檐出头的土坯房。砖瓦房极少，房屋为土木结构，砌砖座碱，土坯（用土掺上轧碎的草和泥，用长方形的木模子脱成坯晒干）垒墙。

70 年代，砖木结构房屋兴起，土坯房被淘汰。房顶防水用油毡或铺瓦。

80 年代，村民流行盖联三间，俗称一明两暗（客厅明，两个卧室暗）。

90 年代后，联三间形式被淘汰，兴盖两明一暗外加东西两头拐弯式的房屋或一头拐弯的房屋，屋内宽敞、明亮，有客厅、厨房、寝室、卫生间。30 余户条件好的村民盖起二层楼。

2011 年 12 月 25 日，全村还迁至新小区住进楼房，户型有一室一厅、两室一厅、三室一厅，面积有 6 种：47 平方米、68 平方米、76 平方米、85 平方米、106 平方米和 115 平方米。

（二）住房面积

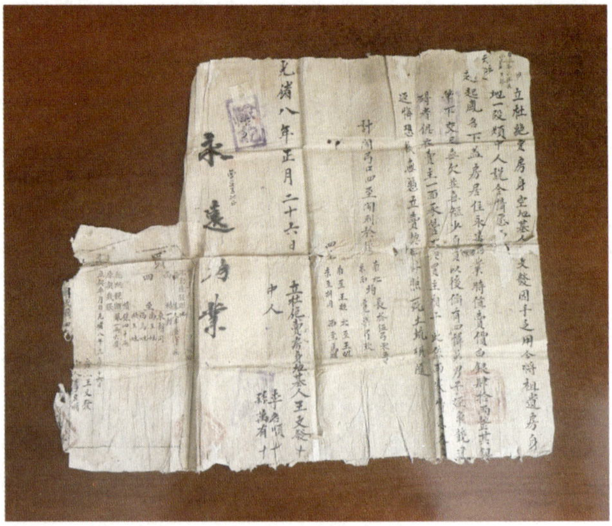

清光绪年间的老房契（赵文福提供 2018 年）

60 年代，全村人口住房面积人均只有 4 ~ 5 平方米，通常一家人挤在 10 余平方米的房间里。随着六七十年代村内宅基地的发放，村民住房面积逐渐增加。八九十年代，随着宅基地不断的发放，人均住房面积大幅度增加。至 2008 年老村拆迁时，全村有 6660 间平房，村民人均 15 平方米。2011 年 12 月 25 日，全村还迁住进楼房，人均住房面积增加到 35 平方米。

（三）住房装修

五六十年代，室内抬头就见房耙子，黄泥抹墙、土地面、纸糊窗户。70 年代，住房逐渐出现白灰抹墙，用纸糊房顶，地面墁砖。

80 年代中期后，外墙多为勾缝清水墙，注重建门楼、围墙，门楼墙壁兴抹彩色水刷石，室内为白灰吊顶、水泥地面。

90 年代，住房外墙兴贴瓷砖，室内墙面兴贴壁纸，装修豪华讲究，有护墙板、天花板、灯池、灯具，格调新颖；水磨石地面换成大理石地板砖，门窗由过去的木制改成铝合金，电器应有尽有。90 年代末，村里有 30 余户盖上了小二楼，平房更加新潮，许多农户安装暖气，夏天装上空调，冬暖夏凉。

2011 年底，村民还迁至楼房，装修风格多样化，如欧式、中式、田园风格等，墙面、地面、灯具等设计美观，全面提升了村民居住舒适度，装修效果赏心悦目。

六、出行

（一）出行方式

新中国成立以前，农民外出多靠步行，交通工具少，每村拥有自行车不过两三辆。当时，南运河有客船从杨柳青驶往小西关。冬天河面结冰，有人以“拖排”作交通运输工具。20 世纪 30 年代，津浦铁路在曹庄子村设火车站。

50 年代初，有了“二等”自行车（用加重自行车在后衣架上绑个小椅子载客），各生产队开始用马车拉菜到市区菜点交菜。60 年代，自行车逐渐增多，村内有两条公交线路。70 年代，自行车走进村民家中。80 年代，许多户购买摩托车，村民交菜改用三轮车。90 年代，不少富裕户购置小轿车，摩托车逐渐减少，农民改用农用三轮车去菜市场批发、售卖蔬菜，村内逐渐出现电动自行车。

进入 21 世纪，村民出行方式多为自驾车，乘公交车、地铁、高铁、飞机等更为普遍。到 2018 年，曹庄欣苑周边有公交线路 10 余条，地铁 2 号线在曹庄设站，村民出行更为便捷。

（二）出行车具

1956 年秋，曹庄子村购买 10 辆胶轮大车。

60—70 年代，村民出行以自行车为主，分为轻便和加重两种，当时购买自行车凭分配指标到供销部门购买，主要有飞鸽、红旗、永久、凤凰等品牌。80—90 年代，自行车实行开放供应，时兴明星、铃木等品牌摩托车。菜农多购买时风、跃进等品牌农用三轮车。少部分村民购买面的（黄色大发面包车）进行营运。自行车出现山地车、变速车等多种款式，取代老式品牌自行车。

进入 21 世纪，电动车逐年增加，电动三轮车（俗称“三蹦子”）营运逐渐盛行。出租车统一更换为红色夏利车，后改为天蓝色花冠、威志等品牌轿车。随着摩托车的禁行管理，村内摩托车越来越少。到 2018 年，各种品牌、各种车型的高中低档汽车成为村民主要出行工具。小区周边有 645 路、669 路、616 路、714 路、350 路、909 路、620 路等 10 余条公交线路。共享单车、共享汽车、网约车兴起，乘地铁 2 号线至天津东站、天津机场等地较为方便。

村内公交车（朱德慧摄于 2018 年）

第三节 家用器具

一、电器

50—60 年代，大部分村民家中几乎没有家用电器，少部分富裕户拥有收音机，俗称电匣子。70 年代，收音机是村内的主要家用电器，拥有电视机的村民寥寥无几。80 年代，黑白电视机、电风扇、洗衣机、电冰箱、收录机等家用电器先后进入村民家中。90 年代开始，彩色电视机取代黑白电视机，组合音响代替普通收录机。VCD 组合音响、家庭影院进入村民家中。90 年代末至 21 世纪初，村民逐渐拥有照相机、电脑、微波炉、空调等家用电器。

到 2018 年，电视机、电冰箱、洗衣机、空调、数码产品等不断升级换代，数字机顶盒取代闭路电视，全自动洗衣机取代普通洗衣机，电饭煲、豆浆机、电磁炉、空气炸锅、电烤箱、榨汁机等小型家用电器走进更多村民家中，家用电器越来越智能化。

二、家具

新中国成立前，一般住户屋内没有什么家具、摆设。村民睡的是土炕，铺苇席，铺炕褥的较少。50—60 年代，家具摆设较少，较富裕的家摆连三桌、方凳、被阁子等，穷人家则屋内四处空空。70年代，村民家中摆连二桌、连三桌、连四桌、被阁子、衣箱等家具，条件好的摆高低柜、衣柜等家具。村民靠攒木头，自己或请人到家中做家具。80 年代，随着木材等物资市场的普遍开放，村民盛行摆组合柜、弹簧床垫软床、人造革沙发、五斗柜等家具。90年代，随着居民生活水平的提高，家具不断更新，旧式抽桌、衣箱、柜橱等家具逐渐被款式新颖的组合家具代替，如组合沙发、真皮沙发、电视柜等家具，同期兴硬木春秋椅。

进入 21 世纪，随着迁至新居，村民搬家均添置或置换新家具，多为环保高密度板、实木等材质，添置藤艺、铁艺、布艺等家具制品，款式有中式、欧式等。村民购买高档名贵硬木家具的越来越多。

第四节　生活方式

一、休闲生活

（一）棋牌

80 年代后，玩麻将、扑克牌、下象棋等成为村民主要娱乐形式，村民家中普遍有麻将牌。逢年节家庭聚会、平日茶余饭后或红白喜事，常支起牌桌消遣。

（二）旅游

90 年代后期，不少村民利用节假日举家出游，多跟旅行团出游。进入 21 世纪，村民多以国内旅游观光及短途休闲游为时尚，家庭旅游去蓟县农家院休闲旅游居多，新婚夫妻去国外度蜜月的越来越多。

（三）垂钓

90 年代后，随着生活水平的提高，越来越多的村民喜欢垂钓，村民到村南运河、外环河、村北稻地排水河去钓鱼、摸鱼、抓龙虾等。进入 21 世纪，按照土地规划，稻地和坑塘被占用，更多村民到私人养殖的鱼塘钓鱼或驾车海钓，平时村内只有外环河和南运河可以垂钓。

（四）上网

21 世纪开始，村民上网率与日俱增。通过上网可查询资料、交流感情、了解时事、休闲娱乐、网上购物。2010年以后，随着手机的智能化，手机上网、购物、聊天、游戏等成为村民休闲的主要方式之一。

二、文化生活

（一）健身

80—90 年代，村民早起遛弯已成为习惯。每天早晨在镇、村内走一走，是中老年村民锻炼身体的主要方式。21 世纪初，曹庄子村委会在村大桥东修建村民健身设施，如单杠、双杠等，这里成为村民和孩子们的主要锻炼场所。随着村民还迁至曹庄欣苑，小区内配套设施逐渐完善，小区健身设施可满足村民日常锻炼。年轻村民多去健身房锻炼，练习舞蹈、武术、跆拳道、瑜伽的村民越来越多。

（二）传统文化

80—90年代，少数富裕村民到市区戏楼、戏院听戏，极少数村民练习书法，多数村民在农闲时能通过收音机和电视收听、收看戏曲、评书、相声等传统文化节目。21世纪以后，随着生活水平的不断提高，越来越多的老人到市区听戏，平日里互相学习。越来越多的儿童学习书法、绘画和传统乐器，更多年轻人喜欢收听、收看相声节目，相声爱好者经常到茶楼听相声。

村民日常晨练（朱德慧摄于2017年）

曹庄欣苑健身设施（朱德慧摄于2017年）

第十三章　军　事

历史上，曹庄子村村民在抗击外来侵略者和民族解放事业中，作出了突出的贡献。特别是平津战役中，全村 20 余名青年为解放军带路，为支援前线发挥了重要作用。解放后，广大青年积极报名参军保家卫国，民兵在社会主义建设中发挥了积极的作用。

第一节　驻　兵

一、战事

（一）太平军稍口之战

清咸丰三年（1853）农历十月三十日，由太平天国地官正丞相李开芳率领的一部分太平军控制了杨柳青至小稍直口一带，意图占领天津，进而直捣北京。在此之前为阻挡太平军攻打天津，天津城内清廷守军掘开南运河河堤，淹没城西大片农田，仅存福寿宫的一条大道通向天津城。三十日中午，李开芳迁入东姜井一处私塾院内，向授课先生询问此处距天津城的距离，城内有多少守军情况，同时派“开山王”王秃子率 1000 多名太平军正面攻击小稍直口的守军，遭到疯狂抵抗，“开山王”阵亡。太平军只好找船渡过南运河，想抄袭敌人的后路，不料遭到伏击，伤亡惨重。战斗至傍晚，太平军牺牲 200 多人，清军被打死 10 多人，太平军撤至曹庄子、汪庄子以西。

（二）义和团西大洼之战

1900 年 5 月，受静海、独流、杨柳青等地的义和团运动影响，运河沿岸的李楼、于家台、曹庄子均设立义和团坛口，多为张德成的“坎”字团。数百名村民参加了义和团，并随义和团大军到天津参加同八国联军的战斗，数人牺牲。

1900 年 8 月 19 日，义和团残部在团首刘十九的带领下，在侯台子以西的大洼内，与前来侵犯的八国联军展开决战，杀敌 100 多人，团民牺牲 500 余人。

二、驻兵

1948 年 12 月辽沈战役结束后，东北野战军（第四野战军）8 纵队 24 师入关后，首先解放杨柳青。随之，部队进驻杨柳青及王庄以西的村庄。

12 月 30 日，东北野战军两个纵队 3 万余名指战员驻扎在曹庄子村西一带，准备攻打天津。同时，东北野战军特种兵部队进驻曹庄子、大稍直口一带。

1949 年 1 月 14 日上午 9 点 20 分，平津战役前线指挥部下达命令，解放天津战役总攻开始。一阵炮火轰击后，步兵部队由各村向导引路，大部队顺利到达墙子河（天津护城河）。曹庄子村郭德祥、于维和等 20 多名青年为解放军带路。经过近 20 个小时激战，于 1 月 15 日解放全城，并活捉天津国民党军守军司令陈长捷，各村的带路人为解放天津赢得了宝贵时间，为解放天津做出了贡献。

曹庄子村旧炮楼（李四君提供　2008 年）

三、防御工事

20 世纪 60 年代，全国掀起“深挖洞、广积粮、不称霸”和“备战、备荒、为人民”的热潮，曹庄子村内开始建筑防御工事，建设用于战争的碉堡、炮楼，施工人员均为解放军。全村共建设 5 处碉堡和 1 处炮楼，碉堡建在村东磨坊后 1 处、村西园田 2 处、小学校南北 2 处；炮楼建在村东北大坑旁。碉堡面积 20 多平方米，用水泥建成，体积大部分埋在地下，地上少部分用土掩埋，周围有枪眼。炮楼高 30 米，底部为碉堡，炮楼内从上到下用钢筋插入楼身，筑成铁梯，直达楼顶，周围有枪眼，远看像一个大烟囱。至 2008 年，村内防御工事于老村平改后全部拆除。

第二节　民　兵

一、民兵活动

1948 年底，曹庄子属天津县第六区，区设武装部，在大稍直口村办公，于长山任武装部部长。曹庄子等村均建立民兵队，并配有枪支弹药。

新中国成立初期，民兵队的主要任务是维护全村的社会治安，昼夜巡逻，防止阶级敌人破坏农业生产和集体财产。

1958 年秋，实行人民公社化，红旗人民公社的管理区设立民兵营，设一名民兵大队长（营长），各生产大队设民兵连，各级组织实行军事化。人民公社化以后，民兵积极参加社会主义建设，在深翻土地、大兴农田水利等活动中起到骨干作用。

1968 年 1 月，公社武装部和大队的民兵干部进入“三结合”领导班子，参与人民公社和生产大队的领导工作，共同为民兵建设发挥作用。

1969 年以后，曹庄生产大队设立民兵营，设有专业民兵巡逻。

1980 年以后，民兵的主要活动是参加农业生产，负责维护社会治安，参加治安巡逻工作。

2000 年以后，村内民兵按时参加区相关部门组织的集中训练和集结，并挑选优秀民兵参加全区、全市组织的集中培训和训练。

二、民兵训练

1949 年 1 月 15 日天津解放后，曹庄子村的民兵队人员整齐。民兵组织利用业余时间采取小型、分散、就地的方式进行训练。

1962 年，民兵训练可带武器到田间地头。

1973 年以后，基干民兵的训练提上议事日程，坚持周日出操，军事训练改普训为周期训练。

1980 年以前，曹庄子村的基干民兵始终担负着护路护线等项工作，完成上级交办的各项任务。

2000年以后，民兵主要担任村内应急防汛工作，民兵全部为应急队员，按照区、镇应急技能进行训练。

三、民兵装备

解放初期，曹庄子村组建民兵队伍时，民兵的武器大部分都是缴获的战利品，小部分是解放军部队淘汰下来的旧枪支。

1967年8月，上级武装部将武器全部回收集中保管。1973年以后，民兵连的武器装备不断更新，数量增加。1980年，民兵武器由区武装部收回，统一保管。2000年以后，民兵定期参与上级部门组织的装备训练，中北生活服务区和村委会内均放置应急装备，确保每年平安度汛。

四、已故曹庄子村户籍退伍军人名单

王玉宽	李本清	冯庆永	姜世兰	李洪林	李福英	王　茂	宋竹泉
黄秋成	李金数	李文祥	李焕元	宋家生	程民生	程月文	张绍光
李顶文	马家强	黄世良	李文元	张绍富	王占领	郭东民	林凤鸣
张洪发	庞同江	马家驹	庞同发	黄世江	梁秀荣	王世齐	王欣福
张绍光	庞庆华	白宝祥	程月文	刘宝河	王世信	梁秀荣	

注：此表由村志编写人员走访调查，或有遗漏。

第十四章　方言　习俗

一方水土养育一方人。建村之初，曹庄子村就在南运河的怀抱中繁衍生息。至今，老人仍保持着纯正的天津口音。而随着环境改变和独特的运河文化熏陶，一些方言的融合度越来越高，青壮年将普通话与天津话互用，青少年儿童则以普通话居多。

在漫长的历史长河中，曹庄子村逐渐形成衣食住行、婚丧嫁娶、寿诞生辰等各种当地习俗。随着经济发展及社会变迁，村民维系多年的传统习俗发生了变革与创新，有的习俗逐渐淡化，有的依旧保留。

第一节　方　言

一、方言种类

天津地区（包括中北镇村内）的方言都在官话的范围之内，从属于冀（河北省）、鲁（山东省）和北京官话区，与普通话接近。其差异首先表现在语音方面，其次是词汇方面，而语法上与普通话基本相同。

依照主要语音特点，天津地区方言分为 9 个小片区，中北镇属于天津话片区和静海话片区两大类型。天津话片区：西北斜以东。其语音特点是四个声调中阴平（第一声）声调的调性降低，齿音字较多，俗称天津卫调。静海话片区：雷庄子以西。其语言特点是四个声调中阴平声的调值比天津话片区高而又低于普通话。去声调值中降，有齿音字，但少于天津话片区。曹庄子方言属天津话片区。

二、方言释义

（一）称代类

普通话	当地方言
您	你老、你了
自己	自己个儿、自个儿
伯父	大爷
叔父	伯伯（音 bāi）
外孙、外孙女	白眼儿

孙子、孙女	红眼儿

（二）人体类

普通话	当地方言
头	脑袋瓜、脑瓜子
额	脑门盖、榔拉盖
膝盖	膊拉盖儿
腋下	胳肢窝
咽喉	嗓子眼儿

（三）动物昆虫类

普通话	当地方言
青蛙	蛤蟆
猫头鹰	夜猫子
麻雀	家雀（qiǎo）儿、老家贼
蝙蝠	盐巴虎
蝉	马吉溜
蜻蜓	大老喝、大老蜻
螳螂	刀螂
蚯蚓	曲蟮、地蛐
蝼蛄	拉拉古
蛇	长虫
壁虎	蝎拉虎子
黄鼬	黄鼠狼子

（四）植物类

普通话	当地方言
向日葵	转莲
玉米	棒子
蓖麻	大麻子
牵牛花	喇叭花
番茄	火柿子
马铃薯	土豆
番薯	山芋

卷心菜	洋白菜、圆白菜
蒜薹	蒜毫儿
花生	仁果
南瓜	老窝（倭）瓜

（五）时间类

普通话	当地方言
昨天	夜个
今天	今儿个
明天	赶明儿、明儿个、明儿
后天	赶后儿
早晨	大清早、一大早
上午	头半晌、头晌午
中午	晌午、晌乎头儿
下午	过半晌、后半晌
傍晚	天黑了、刚擦黑、天夕

（六）其他

普通话	当地方言
太阳	日头、老爷儿
厕所	茅房
大便	解大手
小便	解小手
周岁（小孩）	一生日

（七）特殊词汇

1. 用得最多的一个字是“嘛”

如“嘛事”“嘛玩意儿”“干嘛”“干嘛吃的”“这有嘛了”“这是嘛”等。

2. 省读

曹庄子村方言往往把一个词中间的字省掉，杨柳青（杨青）、合作社（合社）、派出所（派所）、嗓子眼（嗓眼）、晌午头（晌头）、干什么（干嘛）。

三、歌谣

（一）点牛眼

点呀点，点牛眼。牛眼花，买菜瓜，菜瓜苦，买豆腐，豆腐软，买只船，船没底，买支笔，笔没头，买头牛，牛眼大，买匹马，马没鞍，骑着骆驼上西山，西山有个老马猴，专咬小孩手指头。

（二）哄孩儿歌

狼来啦，虎来啦，老和尚背着鼓来啦，哪里的鼓？庙里的鼓。什么庙？二郎庙。二郎二郎你看家，我到洼里摘棉花。棉花没摘着，拾个元宝往家跑，你说好不好？

（三）拉大锯

拉大锯，扯大锯，姥家门口唱大戏。接闺女，叫女婿，小外孙女也要去。牛车拉到姥姥家，姥姥一见笑哈哈。

（四）小板凳

小板凳，三条腿，我给奶奶嗑瓜子儿。奶奶嫌我脏，我给奶奶做面汤。奶奶说我没搁油，我给奶奶磕三头。奶奶奶奶别生气，长大我再好好服侍您。

（五）小小子儿，坐门墩

小小子儿，坐门墩，哭着喊着要媳妇儿。要媳妇儿干嘛？做裤、做褂、缝鞋、做袜，点灯说话，吹灯打嚓嚓。

第二节 习 俗

一、岁时习俗

村内注重的传统节日有 12 个。

（一）春节　农历正月初一至正月十六，俗称过年。一般由腊月二十三开始进行过年准备，直到转年正月十六结束，历时 20 余天。此节是传统节日中盛大的节日，尤以除夕、初一两日最为隆重。

民间流传着这样的顺口溜：二十三糖瓜（年糕）粘、二十四扫房子（写大字）、二十五糊窗户、二十六炖大肉、二十七宰公鸡、二十八白面发（蒸馒头）、二十九贴道酉（贴对联），三十黑下（夜间）坐一宿。

（二）元宵节　正月十五是元宵节，也叫“灯节”，俗称过小年。此日吃元宵，象征阖家团圆。元宵节期间，村、乡镇出花会。曹庄子村有法鼓、高跷、狮子、秧歌

村民过年贴吊钱（王秀增摄于2014年2月19日）

门神图照（王秀增摄于2013年）

队，到杨柳青出会。元宵节一过，“年”亦告结束。

（三）填仓节　农历正月二十五日为填仓节。用锅底灰在院内圈成圈，内放各种粮食少许，放些钱用砖压上，称之“打囤”。其意为祈望秋后五谷丰登，财源广进。饮食方面有“填仓，干饭鱼汤”之说。

（四）中和节　即二月初二，俗称“龙抬头”。此日村民家烙饼炒鸡蛋、煎焖子。这天，有不许动针和剪刀之说，以免伤龙眼、龙身。大人小孩此日可理发，此习俗在民间流传。

（五）清明节　每年的公历4月4日或5日，是传统的祭祖、扫墓节日。在清明节前后几天内，子孙儿女要备香烛、纸箔、供品到“先人”坟前烧纸、上供，并取土培坟，谓之“添坟”。清明节今已演化为民族性祭祀节日。城乡人民团体、机关、学校组织干部、职工、师生前往烈士陵园扫墓，敬献花圈，缅怀先烈，进行革命传统教育。

（六）端午节　农历五月初五为端午节，也称端阳节，民间称五月节。相传屈原在这天投江自杀，后人为纪念屈原有吃粽子的习俗。这天家家户户都包粽子，一般用糯米芦叶包粽子。旧时，每当节前（一进五月），家家在大门口门楣一边插艾草，小孩要佩戴“老虎奋拉”（用五色零碎布头做成小老虎形状穿成一串），意在避瘟消灾，至初五摘下扔掉。

（七）乞巧节　农历七月初七是乞巧节。传说这一天是牛郎织女相会的日子，喜鹊为其在“天河”搭桥，谓之“鹊桥相会”。乡间少女有在这一天向织女乞求智巧的习俗。在七月初六的晚上，少女用碗盛水，投入绣花针一枚放在院中，初七早晨看漂针水影粗细，来鉴别妇女之手的巧拙。此习俗现已不存。

（八）中元节　农历七月十五是中元节，乡间习称“鬼节”，家家为先人烧纸箔。佛寺在这一天作“盂兰会”，放“河灯”，并扎制“法船”，晚间将“法船”放入河中。20 世纪 40 年代末，这一习俗消失，但上坟、烧纸习俗仍存。

（九）中秋节　农历八月十五是中秋节，俗称“八月节”“团圆节”，是中国传统三大节（春节、端午节、中秋节）之一。这一天村民吃月饼，晚上全家团坐宴饮赏月。亲友之间互赠月饼、水果，祝贺阖家团圆美满。

（十）重阳节　农历九月初九为重阳节。旧时，村民有蒸糕相馈的习惯，意为步步登高（糕即高的谐音）。并有“九九”登高可延年益寿的说法。1989 年，天津市人民政府决定农历九月初九为老年节，即“重阳节”。

（十一）寒衣节　农历十月初一为烧纸节，十月初一前一两天，用纸剪成衣服状，到坟地烧化，名曰“送寒衣”。现今流传烧纸钱的习俗。

（十二）腊八节

农历十二月（俗称腊月）初八是腊八节。清晨，村民用米、各种豆类、小枣等八种品类合一熬粥，名为“腊八粥”。同一天用醋泡大蒜，称作泡“腊八蒜”，备作春节时食用。这一习俗延续至今。

二、生活习俗

（一）服装习俗

平时村民穿衣装扮低调不张扬。每到春节，村民穿新衣、戴新帽、穿新鞋，林林总总的新式服装成为春节前的热销货。

逢年过节，大姑娘、小媳妇，小女孩儿都从上到下、从里到外穿一身红装。家里窗花是红的、窗帘是红的，甚至台布、桌椅帷子都是红的。延续至今有闺女给母亲买头花的习俗，头花多为聚宝盆。

（二）餐饮习俗

曹庄子村属园田区，兼种大田（1956 年改种水稻）。自古以来，全村农民日出而作，日落而息，一日用三餐，农闲季节也有一日用两餐，一日三餐分早、中、晚餐。

随着村内生活越来越贴近市区习惯，居民通行早、中、晚一日三餐制，一餐谓之

“一顿”。早餐又称“早饭”“早点”，午餐也作“午饭”“晌午饭”“中饭”，晚餐称之为“晚饭”“后晌饭”等。若在三餐中间食用一些食品，则称为“零食”“零嘴儿”，通常是为解决一时饥饿，因而也称作“垫补”或“垫垫”。

居民的饮食结构丰富，讲究吃而且会吃。早点一般都从早点铺或街面摊贩处购买，极少在家制作。其食物种类主要有大饼、烧饼、果子、果篦儿、果头儿、糖皮儿、煎饼果子、锅巴菜、馄饨、老豆腐、豆浆、面茶、卷圈、捂豆、茶鸡蛋等数十种，品种多样，口味各异。20 世纪 90 年代以后，不少人家渐渐以牛奶、面包、西点等为早点食品。早点的进餐方式较为随意，不一定要全家人聚在一起进餐。有的家庭上街购买成品早点，也有相当一部分人到早点铺吃早点。

村民注重午饭和晚饭两餐，以面、米食物佐以各式炒菜和汤类、粥类等，形成划分明确的主、副食结构。菜有荤、素之分，村民尤喜食海鲜食品。其口味既有“南甜”，也有“北咸”，且酸、辣、香、麻一应齐备，烹调方式极讲究，主要有炒、煎、烧、炸、烙、烤、蒸、煮、扒、凉拌、腌、酱等。

（三）建居习俗

1. 建房

居住民俗，是人们物质生活的重要内容，是不同时代生产技术水平、物质条件及历史文化传统的集中反映，平房时期村民建房将来日福寿吉利的奢望寄托于建房之中，因而在建房中形成一系列的民俗事项。

（1）选址。建房先选址，选址除建房主有自己的意见外，还要请“风水”先生去看地址。

（2）择日“下脚”。“下脚”之日，房东请来当地最好的瓦工、木工。木工砍桩，瓦匠定桩架角划线，东家主人帮工用锄、锹之类沿线动土。一般这一天不大兴土木，只是借动土请来瓦、木工定规划、拿方案、讲价钱称之为“归着”，并肉酒肉饭地招待匠人吃“发基”饭。动土“归着”之后就可以按计划请人挖土筑台，抽槽子，找基础。

（3）上梁。上梁那天，一亲六戚送去“挂红”（即红布）、“匾牌”，甚至还有送“梁”的。“上梁”为建房习俗中的高潮。

（4）挂红。上梁先得择定日期，称为“黄道吉日”，房东将大红纸写上“紫微高照”“紫气东来”“上梁大吉”等大字贴在梁中间。传说中紫微是执掌赐福的天官。

（5）祭酒。上梁时，房东请木匠师傅祭酒，从梁头、梁腰到梁尾，在房屋的东南西北中五个方向用酒点酒，每洒一处说一句吉利话，求得荣华富贵、子孙兴隆。

（6）升梁。梁从地面升起，先升东头，再升西端，据说这是先请东方的“紫云”，再请西方的“紫云”，求各方天官司赐福。

2. 居住

50年代前，一般是大家庭过日子。父母在，兄弟不分家。住屋次序正房上房住长辈，长子住下首，再按弟兄多少分居东西厢房和南房。

70年代后，一般情况是儿子结婚后就和父母分居单过。传统习俗是由父母为儿子盖三间房（这是给儿子娶亲的首要条件），该习俗延续至2018年。

（四）出行习俗

“出门饺子进门面”，也说成“出门饺子回家面”或“上马饺子下马面”，是村民出行的习俗之一。

饺子有两种象征意义：一是饺子形似元宝，有出门发财的寓意。因旧时外出之人，多为商人，外出的目的为挣钱养家；二是饺子形圆，寓圆满、顺利、平安。此外，饺子还有盼团圆的寓意。旧时外出除有季节、天气变化之苦外，还可能遭遇人情的冷暖和江湖的险恶，这些也正是人们将出行看重的原因。

面，即面条，它象征“长”和“常”。在婚礼和生育仪式中，它象征子孙绵长，富贵长寿；在待客仪式中，它象征常来常往，友情、亲情永久。用在迎归仪式中，它包含着庆贺顺利归来的意思，也有期盼不再分离的寓意。

到2018年，这种民俗仍被沿用，人们仍然以饺子送行，用面条迎归。

三、寿诞习俗

（一）诞生习俗

婴儿出生记下生辰（出生的日期、时辰），俗称“生日”。生后12天，谓“十二晌”，全家吃捞面。生后1个月，谓之过“满月”，直到100天，叫过“百岁儿”，都要庆贺。

（二）寿辰习俗

儿女每逢给父母过生日时，要为老人买个大寿桃。一般习俗是生日头天吃饺子，叫作“催生”。生日当天中午吃捞面，晚上下馆子。老人年届六十称“整寿”，庆祝较以前隆重，亲朋好友亦均有礼物相送。

四、婚姻习俗

（一）旧时婚俗

旧时，村民特别注重门当户对，男婚女嫁全凭父母之命、媒妁之言。当时，盛行早婚，男子在十七八岁，女子十六七岁即结婚。村里流传有“早生贵子早得济”的说法。具体步骤有说亲、送小帖、合婚、换龙凤帖、送日子、过嫁妆、娶亲、合卺、认亲分大小、回四、住对月等。

绣花鞋

（二）新式婚俗

新中国成立后，旧式婚俗逐渐淘汰，村民实行婚姻自主。但大多数仍经人介绍，先由介绍人保媒提亲，介绍双方家庭及本人情况，双方家长认为合适，介绍人再让双方家长及男女当事人见见面，叫“相亲”。双方经过简单谈话，如都没有意见，婚事就有成的希望。接着是“相家庭”，由介绍人陪同女方家长到男方家中察看家庭情况、住房条件等，如女方没意见，男方要留女方吃饭，然后给女方当事人“红包”，这叫给“见面礼”。女方接下，婚事就算定了。事后男女双方就互相往来，逢年过节，男方要给女方家送“节礼”。

秀禾服

婚礼过程和以前基本相同，只是不再坐花轿。20 世纪 50 年代，结婚时改用大车或自行车迎送新娘，提倡婚事简办。1980 年以后，随着人民生活水平的提高，曾一度兴起讲排场大操大办之风。2000 年后，迎娶轿车多达十几辆、酒席数十桌。

婚礼当天，新娘进门后，首先招待送亲客人，中午前举行典礼，典礼后男方亲朋好友坐席吃捞面，女方送亲的，亲朋吃席认亲。晚饭开始认亲，男方亲属给新娘子见面礼。晚饭后，闹洞房焐被，结婚全天录像，以作纪念。

新式过嫁妆招待娘家人食品

村内上午迎新娘进门。结婚当日接新娘，新郎家里负责接亲的一般是新人的女性长辈带着一众女性同辈。人数没有太具体的安排，一般为单数 3、5、7 等，加上娶进门的新娘，一起接回来的人数正好为双数，意味“去单回双”。接亲的准备好红色的包袱皮，内要包新娘的嫁衣、婚鞋、准备好的头花、双喜字花、红色的龙凤花等，这些是新娘要穿戴的。内放苹果 4 个，准备好到娘家接亲的同时，还要用包袱里的 2 个苹果换娘家的 2 个苹果带回婆家，准备妥当，浩浩荡荡的接亲队伍就出发了。

婚床摆饰（朱德慧提供　2018 年）

1. 贴喜字：男方是囍，女方是喜。分别要贴在楼道口、自家门口和酒店门口。小喜字贴在小家的电器、家具等物品上，没有特别规定，就是喜气。

2. 戴喜字：男方和女方的女性亲属朋友都要头戴喜字，男方家是囍，女方家是单喜。

3. 吃喜面：结婚当天中午，男方女方家都要吃喜面。

4. 接亲队来单走双：就是说，来接亲的人数必须是单数，走的时候加上新娘就是双数。一般接亲的人可以是新郎那边的姐姐、朋友或小辈儿女性，新郎也可自己去接。

5. 闹洞房：一般是同龄人逗逗新人，图个吉庆快乐。现在闹房，一般也提早结束。

6. 回四：婚礼的最后礼仪是“回四”。现在是新郎同新娘一起，带着点心，回娘家看望长辈，吃顿饭，天黑之前回家。

五、丧葬习俗

（一）旧时丧俗

人在断气之前，家人要给他（她）理发、擦洗身体、穿装裹（寿衣）、搭床板停尸（停灵）。灵床放在外间屋，脚蹬北墙头朝门口；床板前置供桌，摆供品（点心、水果之类），点两根蜡烛，烧倒头香（由长子或长孙点香），烧纸。屋内有玻璃镜子的家具均要用白布盖住。大门口贴门报“恕报不周”，落款姓氏，悬挂“楮纸钱”，男左女右。还有报丧俗称报庙、缝孝衣、看材、成殓、出殡（如夫妇均去世，同埋在一个坟穴内，曰“合葬”）、圆坟、烧七等习俗步骤。

（二）丧事简办

新中国成立后，党和政府大力提倡破除迷信、丧事从简。实行火化后，村委会支付火化费（包括骨灰盒钱）。念佛、送路、渡桥等旧式丧俗基本消除，但其他旧俗仍有残留。2010 年以后，曹庄子村大力提倡“厚养薄葬”，不提倡大操大办，不穿重孝，试行“一青三点白”（戴青箍、白花、白孝帽、白褡布）。2012 年，村民还迁至曹庄欣苑，村委会及红白理事会逐渐制定丧葬奖励，鼓励村民简办丧事，弘扬厚养薄葬。到 2018 年，若村民办理丧事符合村委会制定的标准，待丧事处理完毕后给予该村民 1.2 万元奖励。

六、陋习　禁忌

（一）陋习

算命问卜　旧时村民遇有疑难事，往往先请算命先生问卦、批“八字”，以测凶吉。

招魂　小孩子有病或受惊吓，出现精神不振、发烧、沉睡、夜间啼哭等症状，便认为是“吓着了”“吓掉魂了”，需要给小孩“收魂”。“收魂”方法多样，各村不一，此俗现仍流传。

（二）禁忌

1. 有孕妇不能坐婚床一说法。

2. 有“正月不剃头，剃头死舅舅”一说。

3. 正月里不能说媒。据说正月说媒，媒人死，平时保媒拉线的在正月里销声匿迹。

4. 正月里不买鞋，避讳这个“鞋”字，不过也另有其他说法，正月里买鞋发邪财。

5. 春节期间忌说“穷”“死”“倒霉”“没了”等不吉利话，忌已婚妇女除夕看到娘家灯火，忌“立春”那天已婚妇女回娘家。

6. 丧事期间，忌戴孝进别人家门，忌孝子送客，三年内春节期间不贴春联，不给亲友拜年。

第十五章　传说　杂记

曹庄子村建村600多年的历史中流传下来许多传说和杂记。民间传说有“神奇的古槐树”“三块大跳板”等，被人们赋予文化内涵。“水车的发明和使用”“石狮子的来历与下落”“曹庄子摆渡口”“李老爷的鸭梨救了曹家庄”等民间故事都取材于真实事件，虽时间久远，但都已成为百姓心中的记忆。

第一节 传 说

一、关于大石槽的传说

根据村中老人们的记忆，曹庄子村在平房改造以前有一个长约2.5米、宽1米、深0.5米的大石槽。经多年的使用，石槽周边破损严重，最浅的石壁仅有6～7厘米深。

据传说，此石槽为清代嘉庆年间，清军为镇压农民义勇军曾在曹庄子村北边驻扎，作为军队战马饮水所用，后清军撤走，遗留曹庄子村200多年。此后石槽由村民移至村北100多米处的一口土井边，长期作为村民牲畜饮水之用。

解放以后，村委会在东侧隔道建立马栏数间，群众称为马号，供大队所有畜生饮水之用。直到1983年，村委会将大石槽移至北洼中沟大仓库，作为村民浸稻种之用。2000年，中北镇政府在曹庄子村北建工业园，此大石槽不知下落。它是由一块4～5吨重的大青石经过人工打凿而成，槽面纹路清晰，内外分明。在当时生产力落后的时代它充分体现出先人的才能和智慧，它的丢失是曹庄子村历史文化传承上的一大损失。

二、关于三块大跳板的传说

根据曹庄子村老人们的回忆进行下述记载；

清咸丰年间，曹庄子村有三位德高望重的绅士到外埠参加佛事活动，现场发现两条大跳板，坐满前往观看的村民，听到当地村民讲此大跳板不仅在村里办各种公益活动和婚寿仪式使用，也在老年人平日集会、娱乐、聊天时所用。三位绅士（均姓王，由于年代久远，姓名已无人知晓）受到启发。

三人参加完外埠的佛事后，回到本村后发起募捐活动。在本村十几户经济条件较好的人家的赞助下，由三位绅士在本市西官厂木材厂订购三条大跳板，规格为两条长13米、一条长10米，三条均宽0.7米、厚12厘米。三位绅士发动全村的青壮年，将其搬运到曹庄子村。

大跳板运到村内，在众人的商议下分别安放在商业繁华地段。第一条13米长安放在村东头李记小铺大街北侧，第二条13米长安放在王记小铺大街南侧，第三条10米长安放在史记小铺大街南侧。

三条大跳板历史距今已有150～160年。三条大跳板的安放给曹庄子村全体村民带来了方便。夕阳西下余晖未尽，老人们齐聚三条大跳板，谈笑风生，谈古论今，交流种田经验，调解邻里矛盾，议论着如何为村民谋福祉。孩子们围着大跳板玩耍、捉迷藏。

1956年，村北洼改造成稻田，其中一条13米长的大跳板架在南北大渠的南头，作为贯通东西稻田的通道。大梁中间架上门字架，供社员们挑稻芽子往来所用。另一条13米长的大跳板架在北洼中沟的东头，作为社员们劳动时的通道。10米长的大跳板作为村老渡船生产队去三元村岗场运岗子肥料所用，直至1983年分田到户后消失。

第二节 杂 记

一、民间慈善组织——白抬会

白抬会，顾名思义就是为穷苦人料理丧事的民间自发组织的名称。几百年来，曹庄子村80%的村民都没有土地，靠着打短工、捕鱼、卖柴维持生活。特别大灾之年，饿死、冻死的村民比比皆是，料理死者后事成为广大贫苦农民过不去的一道门槛。

民国时期，曹庄子村姜泽明、白玉珍、宋德玉、马桐轩、王士彬5位老人出面成立“白抬会”。

“白抬会”的成立给曹庄贫苦村民带去极大的安慰。组织有了，但是没有资金，没有丧葬所用的工具。于是5位老人找到当时在天津开茶叶铺的老乡程庆太。程庆太是一位热爱家乡、助人为乐的开明长者，听说5位老人要为家乡办这么一件大好事，十分高兴，当面答应愿意为添置工具和其他费用出钱。于是“白抬会”购置五匹白布，动员左邻右舍的老年妇女，缝制 20 余身大小不同的孝服；购置 3 条大扁担、3 条大绳、2 个 1 米多长的钢占子、3 把油锤、3 把大镐。姜泽春老人腾出自己居住的一间小东屋，作为保管仓库；“白抬会”人员处理丧事，都是尽义务，不吃不喝不要死者家属一分钱。

据老人们回忆，“白抬会”每年都要为 20 ~ 30 家贫苦村民办丧事。这期间白玉珍老人的一位至交为如意庵棺材铺主人，他每年都向极困难的家庭捐送 5 ~ 6 口薄皮棺材。

直到解放初期，“白抬会”这一慈善组织才自然解散。

“白抬会”组织的存在虽然只有几十年的时间，但它传播了曹庄子村村民团结友爱、互相帮助、邻里和谐的美德、为曹庄文明、和谐、良好的社会风气打下牢固的基础。

二、神奇的古槐树

清嘉庆年间，天津卫城里修建城隍庙宇，当时庙宇的主持拜托静海的好友从独流购买几棵槐树苗经漕运船只带到天津。这位好友路过曹庄子村时去看望一位姓王的长者，饭间这位好友听说曹庄子村西也有一座庙宇（后来大庙的前身），就顺便送给王姓长者一棵槐树苗。他嘱咐说，据主持讲，槐树是一种吉祥的树苗，栽到庙宇可保护全村村民平安吉祥。于是王姓长者把槐树苗栽到村西头庙宇正殿门前。在王姓长者的精心管理下，树苗逐渐长大成才。

280 多年以来，这棵槐树在历代村民的爱护下，在南运河地下水资源的滋润下，根深叶茂。至解放初期，树粗周围达到两米，树冠直径达 30 米。

历年来，村西的庙宇是曹庄子村唯一的公共活动场地。每年的正月庙会、8 月 24 日关老爷的诞辰、8 月 28 日天地教会主持的生日和各种祭祀活动都在此处举行，活动日人山人海热闹非凡。

1976 年 9 月 9 日，毛主席逝世，村民们把自己制作的小白花挂满老槐树的枝头，表达对一代伟人的哀悼。

曹庄子村古槐树（朱德慧摄于 2018 年）

曹庄子村古槐树（朱德慧摄于 2018 年）

2008 年曹庄子村进行平房改造，村委会在树干挂上一块铁牌，警示村民们加以保护。

如今，古槐树更加旺盛，生长在南运河的北岸、曹庄欣苑的南侧，伴随着曹庄子村走向更加繁荣幸福的明天，古槐树成为曹庄子村的永久性地标。

三、曹庄子村水车的发明和使用

曹庄子在建村后的几百年里，贫困一直困扰着村民。究其原因，主要因为生产工具落后，没有水利设施，村民依靠体力浇灌着运河北岸的园田，曹庄子村的先人们世世代代过着靠天吃饭的生活。

几百年来，村民浇地的方式一直沿用“泼斗”。就是用薄铁板或藤条做成水斗，水斗两头拴上绳子，由两个人抻着绳子两端一仰一合，把盛满斗的水泼在预先挖好的水池里，然后自流到小水沟，再由另一个人引到田园的畦里。

此种浇地方法劳动强度大，使用的都是壮劳力，但浇地的效果缓慢。3 个壮劳力经一上午的努力劳作，浇地面积不足半亩。当时用泼斗浇地多靠在南运河北岸水面，上扬 1 ~ 2 米进行。

当时市区的三条石街有十几家手工业铁匠铺，曹庄子村有十几名青壮年在此学徒，经常回家与村里的老农研究探讨制造水车。

1943 年，自山东宁津来了一位姓刘的铁匠师傅在曹庄子村居住。在刘师傅的指导下，十几名青壮年仿照江南风车的原理制造水车模型。水车的使用极大地解放了劳动力，调动了村民们的生产热情。全村由原来的十几亩田园增加到几百亩，种植作物除原来单一的花卉和葡萄之外，增加了多种蔬菜。村民的生活水平大幅度提高。

水车的制造和维修的费用由受益农户按地亩数均摊。1956 年，全村有 7 座水车，大槐树村东有 4 座，大槐树村西有 3 座。1956 年村成立高级农业社，随着电机抽水机的出现，水车停用。

四、石狮子的来历和下落

沿着曹庄子村后道往西三里道路南有一处古坟地，占地大约 4 亩，坟地的东边是一个直径 200 米左右的大坑。古坟四周是取大坑的泥土叠的豪墙。墙的周围栽种的是古松柏和杨树。大门口建有汉白玉的牌坊，牌坊前有拱石小桥，小溪流水潺潺。牌坊上题名为“静修堂”。牌坊两侧是花墙向东西延伸，十分庄严。大门两侧有两尊高达两米的汉白玉雕刻大石狮，门口对面有一座大坟，这就是流传多年的冯家坟。

冯家坟地的修建年代在清朝道光年间。一个姓冯的道台大员为其父母建造墓地，其规模当时在天津周边可算屈指可数。几十年后，冯家败落，从此墓地交由曹庄子村黄西平老人看管，此时的冯家坟已破烂不堪，失去原来的豪华庄严，十分萧条。但墓门口的两尊大石狮子经过 300 多年的沧桑，雄姿不减。经过长期的风风雨雨，石狮由原来的白色变成灰白色，见证着冯家坟地的岁月变迁。

1960 年，曹庄子村隶属南开区，区政府将两尊大石狮征用到南开文化宫庄王府门口两侧，至 2018 年犹存。

五、村西小塔百年之谜

曹庄子村古槐树西现今烈士陵园西北处有 40 ~ 50 亩荒地，荒地的中央耸立一座高约 4 米、周长约 8 米的砖塔。这座砖塔经过 200 多年的沧桑岁月，到 1966 年已经破烂不堪。

据老人们传说，大约在清咸丰年间，西头庙居住着一位年老尼姑林师太，后来经人介绍收天津市莲宗寺高徒两人，年长者法号空祥、年轻者法号空慧。1939 年，空慧收徒一人法号仁彻。据老人们回忆，此尼姑为李善人后代。

此尼姑长期以来主持寺庙的管理，为曹庄子村村民做了大量的慈善工作。其中，包括曹庄子村村民团体的佛事活动，为村民已故的死者超度生灵，为村民向观音祈祷求子，舍财救助老人等。历代尼姑数年如一日，深受曹庄子村村民的爱戴。林师太以95岁高龄病逝于庙宇，当时曹庄子村很多老人携着孙子前往瞻仰向遗体告别。为怀念和感恩这位德高望重的林师太，全体村民募款在村西荒地上建造一座砖塔，购置一口直径半米的荷花缸，将林师太圆寂在塔内。

林师太病逝后，空祥师太常带领弟子们继续为曹庄子村村民做善事，一直到1952年庙宇拆除，最后一代尼姑仁彻师太回到天津莲宗寺。

六、历史留下的古遗址——老窑

村东二里路有一处古窑，南距（御河）南运河500米，占地约15亩，顶部高低不平，最高处有15米，顶面杂草丛生，灌木缠绕。多年来是野生狐狸、瞎獾、黄鼠狼、蛇、刺猬、野兔子聚集繁衍生息之处。

1975年，曹庄子村成立机车队。厂房在原大队副业厂北部，圈地大约二亩，东西长为80米，南北长15米。不过，东段是坑，需要垫土。村党支部决定取村东老窑土填坑，在取土过程中，老窑的底部挖出很多破碎的琉璃瓦片，有的瓦面还留有“卫”字、“官”字，虽然年代久远但可以模糊辨认。当时引起很多年老村民们议论，他们联想起历代民间的传说，其中说法是烧窑的民工都穿着黄色囚服和青裤，大家一直认为老窑的历史已有几百年。

村志工作人员根据座谈老人们讲述的这一线索，查阅清史资料，有如下记载：明建文二年（1400年），朱元璋第四子朱棣（时封燕王）率兵经直沽（即今三岔河口）渡河南下夺取政权，1403年改建文年号为永乐。永乐二年（1404），在天津（天津意为天子经过的渡口）设卫，派兵驻守，从此天津卫成为京城的军事重地。

永乐三年（1405）设天津左卫，次年设天津右卫。清顺治九年（1652），天津三卫合一，筑城设卫，以后的数年间惯称天津卫。

由此可以推测村东头的老窑是当时为天津筑城烧制琉璃瓦的遗址。材料取南运河挖出的红黏土，经南运河运到天津城。随着建城的结束，此窑废止。

七、曹庄渡口

曹庄渡口的存在可追溯到清乾隆年间（1736—1795）。

御河漕运兴旺开始，经过曹庄子村十几代家族的经营，至 1959 年曹庄津西一号桥的建成止，历经 300 多年。

曹庄渡口的渡船由全体村民出资建造、维修。渡船长约 12 米，宽 6 米，载重量为 8 吨。由全体村民推举委托具有经营能力的家族经营，年终报酬由村民按各家的出资情况分配。

渡口位于老村东头，北岸宽阔，南岸是一块东西长的空地，两岸的空地可容纳十几辆大车的停放。

咸丰年间，渡口辉煌一时。渡口是曹庄通往运河南岸沿村和杨柳青至天津卫的枢纽。

当时京城商业繁华，作为京城的门户天津卫更是商贾云集。西北和内蒙古牧民饲养的羊群每年春节以前都要赶到天津出售，第一站的屯集地就是曹庄西一里路的羊圈。羊圈屯集的数量最多达几千只，吸引多个体商贩来到曹庄进行贸易，交易地点就在曹庄渡口。因此渡口附近的小商人云集，如摆茶摊、卖小吃、算卦看手相、拉洋片的，热闹非凡。在渡口交易的另一种主要的商品就是红薯，每年 10 月是红薯的收获季，到此地进行交易的富商主要来自曹庄西北王庆坨地区，因为该地区土地为沙土，生长出来的红薯块大、味甜、芯软，深受京津地区老百姓欢迎。

据老人传说，红薯每天交易最多的数量达 20 ~ 30 车，每天有上百的小商贩到此交易。

200 多年来，曹庄渡口也是民俗文化的中心。每逢过年过节和庙会，各种佛事活动、天津到杨柳青之间的各花会都来到渡口演出，一直延续到民国时期。

八、乱葬岗子

沿着曹庄子村后道向东行 1 千多米，2000 年以前道北道南有 50 多亩荒地，那里杂草丛生、荒无人烟，这里就是人们经常说的乱葬岗子。

几百年来，曹庄子村谁也说不清乱葬岗子的历史，荒地是谁家的。只知道曹庄子村祖祖辈辈没有坟地的穷苦人家，无论是老人还是小孩去世后都埋在那里。

如今的乱葬岗子原址建成北方最大的花卉市场——天津热带植物观光园，成为天津市的旅游景点、西青区一颗耀眼的明珠、曹庄子村的一张名片。

随着历史的变迁，乱葬岗子成为没有文字记载的曹庄子村血泪史的墓碑，在今天通过村志告诫子孙后代永远铭记。

九、西洼关房的来历和消失

沿着南运河北岸向西行 1 千米处，岸边有一处豪宅为青砖四合院建筑。南房四间，北房为客厅，东房为厨房，西面院墙建有月亮门通道。豪宅西门是一处占地约两亩的墓地，周围有豪堆，豪堆上栽有一百多棵大松树，大门口建有古香古色的门楼，十分壮观，这就是西洼关房（公房）。

据村老人们讲，此关房始建于 1912—1913 年。辛亥革命胜利（1911 年）后，南方军阀进驻河北天津一带。当时安徽籍姓兰的将军携 80 多岁老母及妻儿驻扎天津，而后想寻找一块宝地为其母作为墓地。当时天津卫很多官僚大商人到天津西郊购买荒地植树建墓。后来，兰将军由法租界乘船顺着南运河到曹庄子村西，购买了上述关房的荒地，经过将近一年的建设时间建成。

建成后，每年夏天兰将军都携着妻儿老小到此豪宅避暑，接待亲朋好友。1920 年，兰将军部队隶属直系军阀与奉系军阀展开战争，结果直系军阀大败，奉系军阀占领天津。兰将军携全家逃回南方，临行前把关房和墓地（实际上墓地没有使用）委托给曹庄子村申统（地方官）老马四爷托管。

此后这位兰将军音讯全无，豪宅成为曹庄的关房。数年间，关房荒凉，没人修缮，直至新中国成立前，豪宅已破烂不堪。1961 年，豪宅被彻底拆除，由生产队改造成田园。

十、李有田的鸭梨救了曹家庄

事件发生在 1948 年 12 月下旬的一天。国民党守军罗连长带兵火烧城防区民房，沿南运河三元村一路烧到了大稍直口村，在大稍直口村与武工队交战后躲到了曹家庄。当时村维持会长稳住罗连长等守军后，派人报信武工队进行支援。在报信途中，国民党守军准备往农房上泼龙磺（一种易燃品），恰巧看到李有田李老爷家放着十几筐鸭梨，国民党守军一拥而上抢分李老爷的鸭梨。此时武工队赶到，双方交战，罗连长受伤，国民党守军落荒而逃。

曹庄子村民王跃光根据当时敌伪军出关讨伐路线编写了一首歌谣。

解放天津时曹庄子流传的歌谣

一月二更里，月牙上了树梢；

陈长捷坐天津，心里好发焦；

要吃的没有吃，要穿的没有穿；
解放军城内有地下，外围搞围歼；
十几万军队生存怎么办，难坏了陈长官。
派兵出西关，
火烧三元村，小元也玩完；
大元起火冒了烟，百姓实在太可怜；
接着往西走，来到小稍口；
火烧东半边，福寿宫光剩两棵旗杆；
烧完小稍口，来到大稍直口；
遇上了武工队，痛打落水狗；
急忙跑得慌，来到汪家庄；
汪庄子过了河，来到曹家庄；
当兵的泼龙磺，准备烧曹庄；
李有田的鸭梨抢了一个光，救了曹家庄。
两边响了枪，敌人发了慌；
急急忙忙往东跑，跑到大卞庄；
罗连长受了伤，士兵发了慌；
一直往东跑，来到赵家庄；
慌慌张张，这才进了城防。

作者：王跃光（曹庄子村已故村民）

十一、曹庄子村名来源的另一种说法

明弘治年间，家在静海县甜水井居住的大户马氏家族因当地经常闹土匪，土匪三天两头到马家掠夺钱财，实在无法在此居住，只能另寻他处。

一日，马老爷让管家召集族人到正堂开会，研究外迁事宜，会后安排管家，请了“风水”先生准备北上外迁。

几天后，马老爷带着管家和几个家丁，坐着轿车（马拉车）奔北而行。马老爷一行沿着南运河由东向西行走了十几里地后来到一村庄前，“风水”先生下车向前一看，心中大喜，急忙跑到轿车前，撩开门帘就对老爷大喊一声，“老爷，咱们马家有救啦！”风水先生指着曹家庄醒目的三个大字对马老爷说：“曹家庄就是咱们马家的风水宝地，马家离不开曹家。”马老爷有些不明白，“风水”先生解释说，马当然要用马槽哇。这就是“马不离槽，槽不离马”的传说。

马家定居后，将四合院起名为“马家大门”。清光绪年间，马氏家族断后前，把“马家大门”卖给现今的马家。到 2008 年，曹庄子村平房改造时“马家大门”被拆除。

第十六章　人　物

新中国成立前后，曹庄子村的村民不怕流血牺牲，为民族解放作出卓越贡献，留下了许多感人的事迹。改革开放后，各行各业涌现出一批优秀人物。本章在收录人物传记的基础上，收录了党政军干部、市级劳动模范、道德模范、重要战役退伍军人等，以激励后人。

第一节　人物传

王玉宽（1914—1998）

王玉宽从小拜师习武，后来到天津东浮桥海河边日本西货场打工。王玉宽受到日本兵挑衅进行比试，将日本兵摔至铁轨上，日本兵当场身亡，后加入八路军走上革命的道路。

在解放海城战斗中，战地医院被国民党军队发现，警卫班女战士邢玉兰与战友们死守阵地，王玉宽所在连队及时赶到支援，将受伤的邢玉兰送到后方医院。在王玉宽配合救治下，邢玉兰很快痊愈。在部队首长的撮合下，经邢玉兰家人同意。王玉宽与邢玉兰结为革命伴侣。之后王玉宽参加辽沈战役，黑山阻击战、平津战役，多次立下战功。

1954 年春，王玉宽夫妇回到曹庄子村，参加农业合作化运动，直到病逝。

姜世兰（1923—2005）

姜世兰出生在贫苦的农民家庭。1948 年，他被国民党抓了壮丁。1949 年，姜世兰参加中国人民解放军。1952 年，随着中国人民志愿军跨过鸭绿江赴朝参战。在朝鲜战场上，姜世兰在十几次战斗中作战勇敢并身负重伤，鉴定为二等乙级残疾。

1955 年，姜世兰转业到天津信号灯厂工作，2005 年病逝，享年 82 岁。

李本清（1924—2004）

1945 年 7 月，李本清加入八路军武工队，随即参加对日攻打西青战斗。战斗中，城楼上日本狙击手的子弹擦着李本清耳边而过，使他耳聋。此战李本清腿部受伤，伤定为三等甲级残废。

1948 年初，李本清被军区扩编到大部队参加淮海战役。在攻打徐州外围时，他身受重伤转移到后方医院治疗，1950 年复员到曹庄子村直到病逝。

赵佩元（1928—2015），曹庄子村人，祖籍山东省平阴县。

1942 年，赵佩元到曹庄子村给富人打短工，后来到村民沈长旺家扛长活直至解放。新中国成立后，他积极参加农会，参加互助组并被推选为组长，带领成员开垦荒地，多种地，种好地；后相继加入初级社、高级社。在共产党的培养教育下，1958 年 12 月，他加入党组织，成为一名党员。1961 年 1 月开始，他担任曹庄子生产大队党支部副书记兼生产大队大队长，一干就是 20 余年。1983 年，实行家庭联产承包责任制后，他退出领导岗位，在自家承包的土地上种菜养花。2008 年，老村平房改造土地收回，他在河边、沟头开荒种玉米。

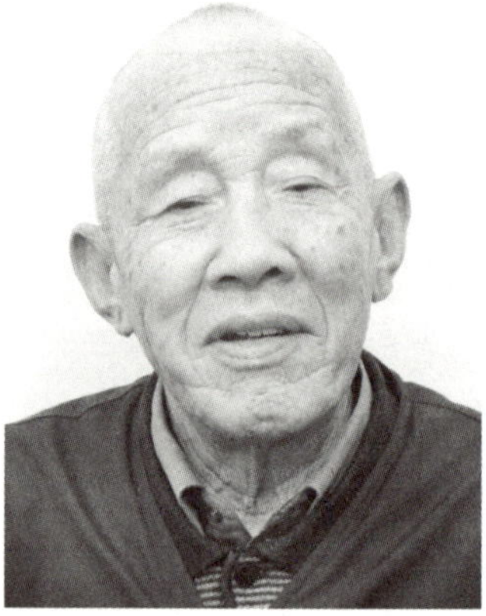

赵佩元

时至今日，老队长赵佩元的名字依然流传在村民口中，他一生为农业奉献的经历激励着年轻党员不忘初心，继续前进。

第二节　人物简介

林作山　生于 1922 年，中北镇曹庄子村人，生育三儿四女，四世同堂。

林作山幼时上私塾 3 年，成年后在家以种地为业。新中国成立后，他先后参加互助组、初级社、高级社、人民公社，一直在生产队务农。林作山兄弟姐妹共 5 人，其中最大的姐姐 104 岁，最小的妹妹 85 岁。他育有三儿四

长寿老人林作山与姐妹合影

女，全家族有百余人，其中在世的三女儿 68 岁。他有 5 个孙子，3 个孙女，3 个重孙子，5 个重孙女，最小的重孙 1 岁，四世同堂。林作山老人平时最喜欢吃甜食，生活有规律。到 2018 年底，林作山满 96 周岁，是曹庄子村最年长者。

杨秋　生于 1928 年 7 月 5 日，曹庄子村人。祖籍河北省河间县，职级副团（17 级）。

1945 年 4 月入伍，1946 年 1 月入党。他历任战士、班长、排长、副处长、处长，参加过抗日战争、解放战争大小战斗百余次，荣立二等功 2 次，三等功十余次，荣获独立勋章、解放奖章各 1 枚，并获得模范通信员称号，1983 年 8 月被批准离休，1987 年 1 月移交西青区干休所。2018 年 12 月，他 89 岁，是曹庄子村在世最年长的老八路军人。

杨秋

范玉杰　女，生于 1938 年，中北镇曹庄子村人。担任过六届村妇联主任，"全国三八红旗手"称号获得者。

业余时间她为街坊邻里义务按摩 50 余年。范玉杰的祖传按摩手艺是在娘家学的。她嫁到曹庄子村后，有胳膊、腿扭伤的村民就到范玉杰家中做按摩。一岁左右的小孩如果脱臼了，骨骼发育不完善，她经验丰富，一手下去准能掩上来。如今老人家已经 80 多岁，慕名而来的外来打工者很多，她从不拒绝。

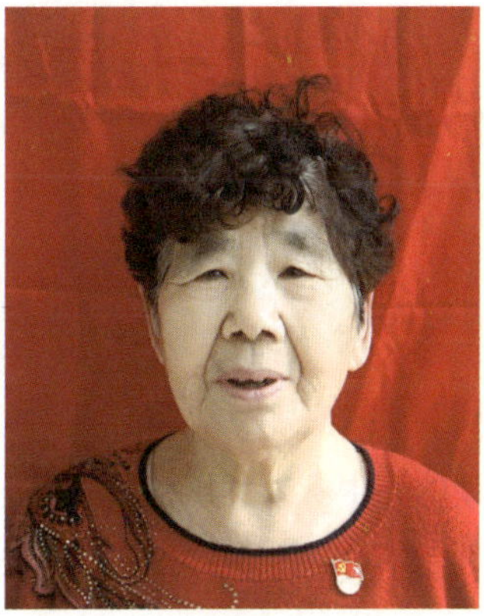

范玉杰

李洪珍　女，生于 1941 年，曹庄子村人。

20 世纪 60 年代末，李洪珍嫁到天津市红桥区小西关。1970 年，随丈夫王长立安家落户到曹庄子村，后被分配到曹庄大队第四生产队参加农业劳动。1975 年春，生产队长安排她到温室工作专门研究黄瓜种植。经过她和技术人员的潜心研究，1976 年终于结出丰硕成果。她培育出来的黄瓜品种清香、味甜、产量高，为生产队增加收入打下了坚实的基础。由于她在农业生产上的突出贡献，1979 年被评为"全国三八红旗手"。

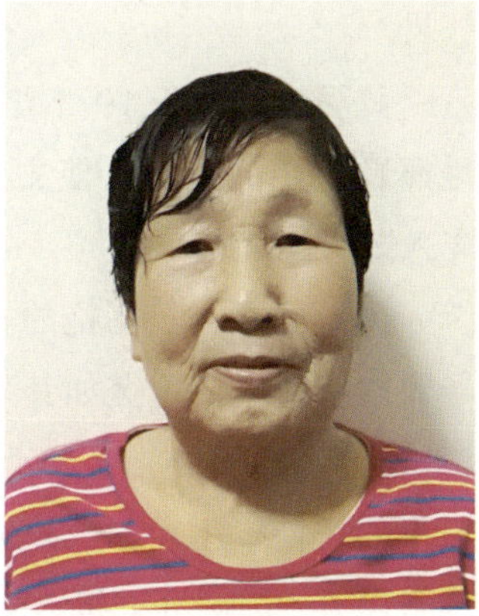

李洪珍

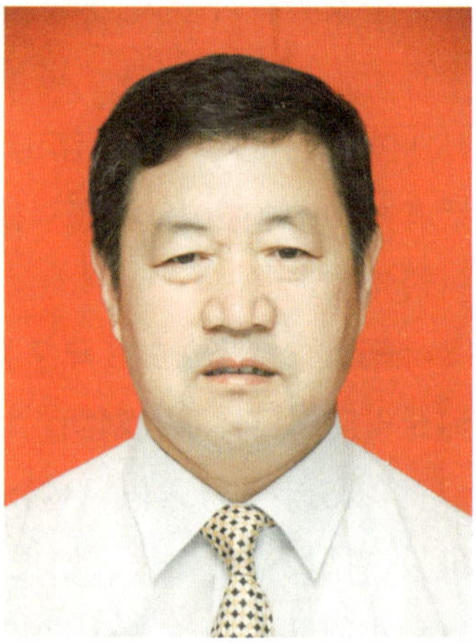

王秀增

王秀增　生于1954年，曹庄子村人，村党委书记。2010年和2015年先后被授予为天津市五一劳动奖章，获天津市劳动模范称号。

作为村党委书记，他带头履行党建工作第一责任人责任，带领班子成员积极执行党和国家的各项方针政策，讲政治、谋发展，诚心诚意为村民谋福利。在多年的基层工作中，王秀增努力探索出一套适应新形势下农村工作的新机制，既将党的方针政策贯穿于各项工作始终，又兼顾曹庄子村特点，充分发挥村党委、村委会作用。2017年，村集体收入实现3800万元，村集体经济实现又好又快发展。

赵学华

赵学华　生于1964年，曹庄子村人。1998—2018年担任村妇联主任。从2007年起连续四年被评为天津市防止民间纠纷优秀人民调解员。

自1997年担任调解员以来，她调解民事纠纷80余起，防止民事激化30多起。2010年5月，参加天津广播电视台录制主题为“送福音”活动。2009年9月，中央电视台法治频道节目组到曹庄子村采访并拍摄《赵大姐的一天》专题节目。2011年、2012年连续两年被评为天津市“十佳”人民调解能手。2012年、2013年先后两次受邀参加中央电视台《我建议》栏目。

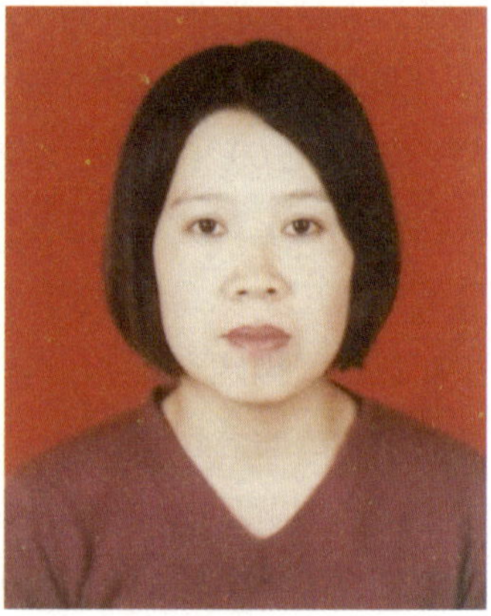

黄明艳

黄明艳　生于1971年，曹庄村人。她无微不至地照顾病中的丈夫，使丈夫的病情有了好转。2015年入选“天津好人榜”。

2000年秋，黄明艳的丈夫李树林遇上一场车祸，导致四肢瘫痪。这突如其来的变故，给年仅30岁的黄明艳带来沉重的打击。为给丈夫治病，黄明艳花光家里的积蓄，还欠不少外债。但黄明艳并没有放弃，她坚强地挑起家庭重担，精心照顾瘫痪的丈夫。在丈夫病重期间，黄明艳日夜守候在丈夫的床前。经过长时间的治疗，丈夫的病有了好转。黄明艳几十年如一日为家庭、为丈夫、为孩子无怨无悔地付出，成为村民学习的榜样。

第三节 人物名录

曹庄子村籍副处级以上人员表

表 16–1

姓名	性别	民族	出生年月	工作单位及职务	级别
曹永忠	男	汉族	1936年1月	南开区人民法院院长	正处级
马家驹	男	汉族	1939年10月	青岛工人文化宫书记	正处级
黄金领	男	汉族	1947年9月	西青区技术监督局局长	正处级
杨立忠	男	汉族	1953年10月	西青区卫生局红十字会常务副会长	正处级
赵文月	男	汉族	1959年2月	西青区文广局局长	正处级
王云	女	汉族	1972年5月	西青区张家窝镇党委书记	正处级
程铁光	男	汉族	1939年3月	西青区公安分局保安公司经理	副处级

注：以上信息经工作人员查询和张贴公示后本人或家属自愿登记后整理。

曹庄子村籍中高级职称人员统计表

表 16–2

姓名	性别	民族	出生年月	工作单位	职称
赵文富	男	汉族	1959年1月	天津商业大学	副研究员
赵宝忠	男	汉族	1966年9月	杨柳青一中	中学高级教师
郝宪均	男	汉族	1938年10月	中北斜中学	中学高级教师
白宝双	女	汉族	1977年12月	铃铛阁外国语中学	高级中学教师
李学会	女	汉族	1951年10月	中北中学	中学高级教师

续表 16-2

姓名	性别	民族	出生年月	工作单位	职称
郝宪均	男	汉族	1938年10月	中北斜中学	中学高级教师
杨秀贵	男	汉族	1954年6月	中北中学	中学一级教师
王桂凤	女	汉族	1957年7月	曹庄子小学	高级教师
高学兰	女	汉族	1954年12月	曹庄子小学	高级教师
王彦芬	女	汉族	1953年4月	曹庄子小学	高级教师
董兰金	女	汉族	1951年10月	曹庄子小学	高级教师
马家会	女	汉族	1940年	曹庄子小学	高级教师
王荣英	女	汉族	1947年9月	曹庄子小学	一级教师
孙兴武	男	汉族	1963年3月	中北第一小学	高级教师
许桂敏	女	汉族	1973年8月	中北第一小学	高级教师
于尚起	男	汉族	1954年12月	中北第二小学	高级教师
华长萍	女	汉族	1978年9月	中北第二小学	高级教师
姜海林	男	汉族	1959年1月	中北第二小学	高级教师
王中玮	女	汉族	1975年5月	中北第二小学	副高级教师
李彬	男	汉族	1979年1月	中北第二小学	体育高级教练
王爱玮	女	汉族	1979年1月	天津人民医院	副主任医师
牛吉全	男	汉族	1958年8月	西青医院	主治医师

注：以上信息经工作人员查询和张贴公示后本人或家属自愿登记后整理。

曹庄子村参加革命及抗美援朝战争军人一览表

表 16-3

姓名	参战时期	伤残时间	伤残等级	备注
李本清	抗日战争、解放战争	解放战争	三等甲级	已故
王玉宽	抗日战争、解放战争	解放战争	—	已故
杨秋	抗日战争、解放战争	—	—	已故
宋竹全	解放战争	解放战争	—	已故

续表 16-3

姓名	参战时期	伤残时间	伤残等级	备注
王茂	解放战争	解放战争	—	已故
李文祥	解放战争	解放战争	—	已故
李金树	解放战争	解放战争	—	已故
黄秋成	解放战争	解放战争	—	已故
冯庆勇	解放战争	解放战争	—	已故
姜世兰	抗美援朝战争	抗美援朝	二等乙级	已故

注：以上信息经工作人员查询、走访后整理。

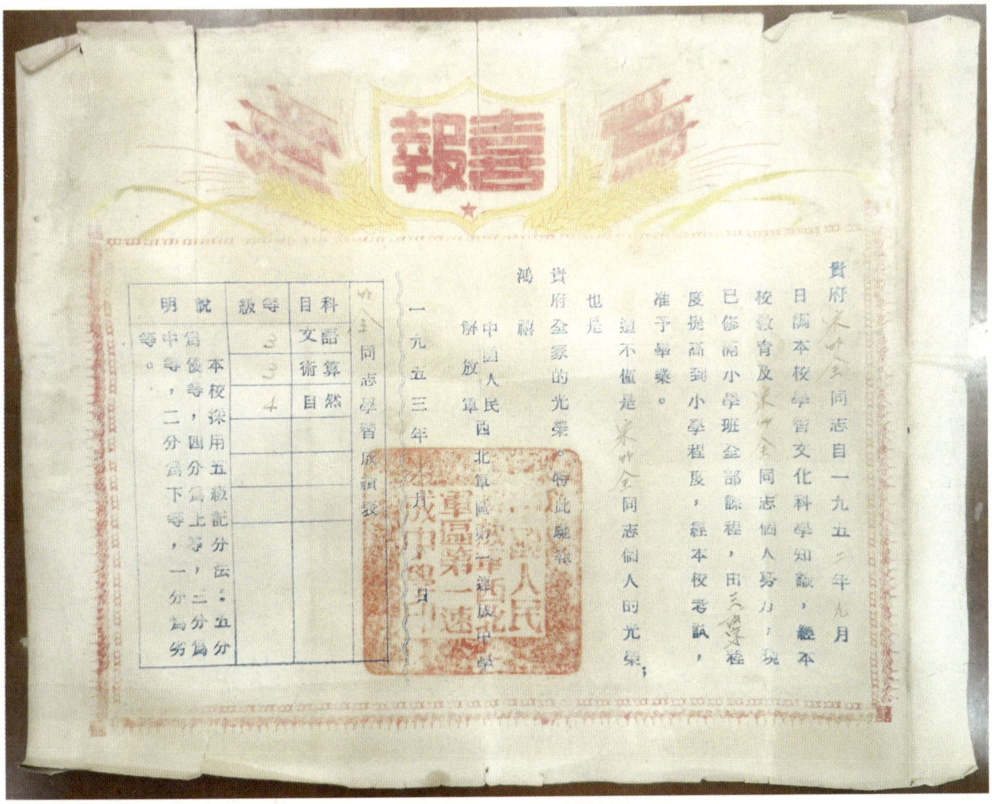
喜報

貴府宋竹全同志自一九五二年九月日滿本校學習文化科學知識，經本校教育及宋竹全同志個人努力，現已修滿小學班全部課程，由三年級程度提高到小學程度，經本校考試，准予畢業。這不僅是宋竹全同志個人的光榮；也是貴府全家的光榮。特此馳報鴻禧

中國人民解放軍西北軍區第一速成中學

一九五三年 月 日

宋竹全同志學習成績表

科目	等級
語文	3
算術	3
自然	4

說明：本校採用五級記分法：五分為優等，四分為上等，三分為中等，二分為下等，一分為劣等。

1953 年，村民宋竹全获得的喜报（宋桂强提供 2018 年）

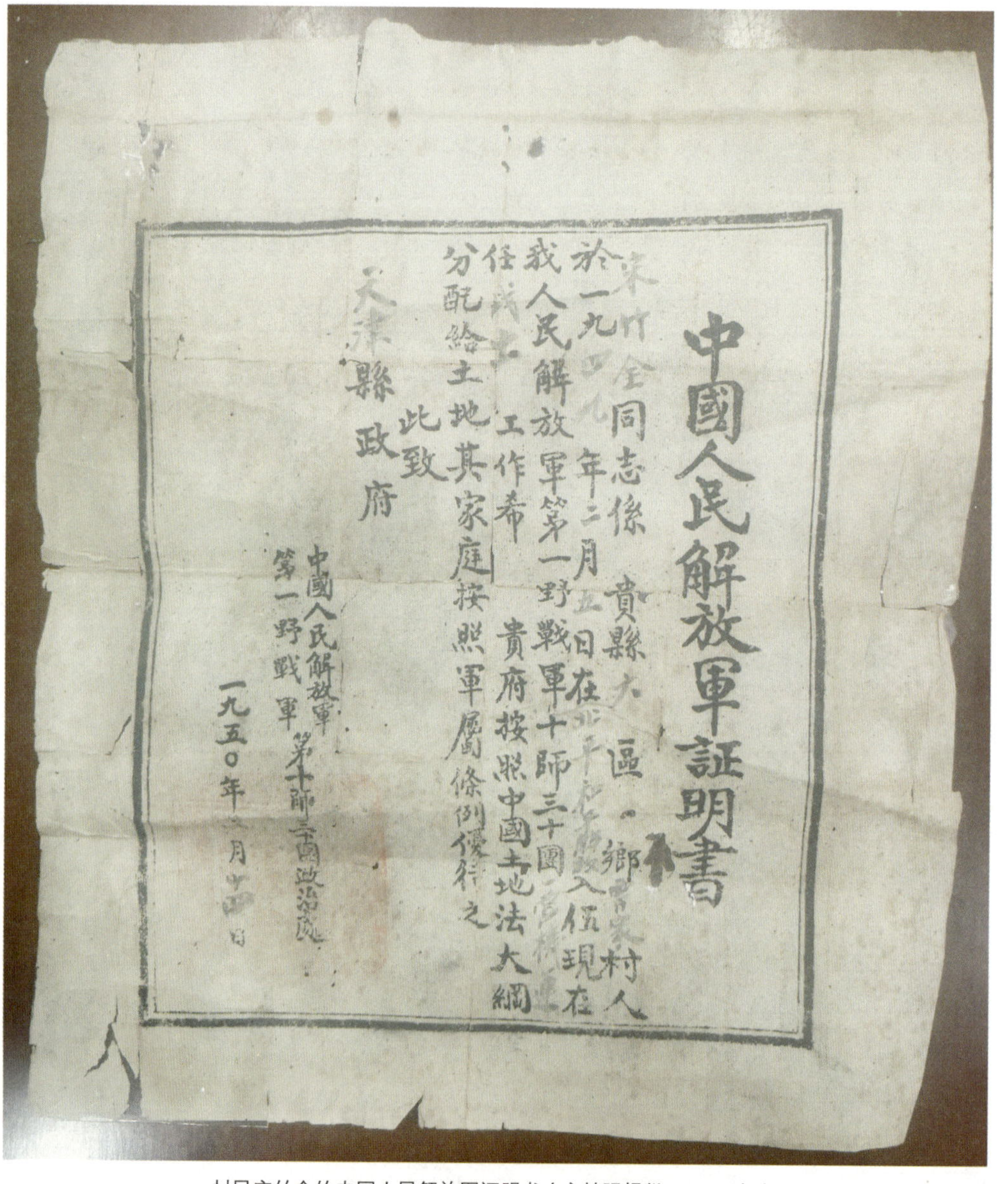

中國人民解放軍証明書

宋竹全同志係 貴縣大 區 鄉 家村人
於一九四九年二月五日在 入伍現在
我人民解放軍第一野戰軍十師三十團
任戰士 工作希 貴府按照中國土地法大綱
分配給土地其家庭按照軍屬條例優待之
此致
天津縣政府

中國人民解放軍
第一野戰軍第十師三十團政治處
一九五〇年 月 日

村民宋竹全的中国人民解放军证明书（宋桂强提供　2018 年）

附　录

村级重大事项“六步决策法”

一、决策内容

（1）本村发展规划，村民自治章程、村规民约的制定、修改。

（2）撤村建居，土地调整、征用。

（3）大额资金使用，较大固定资产的购置、变卖、出租。

（4）企业改制，经营项目和工程建设的立项、实施、管理。

（5）计划生育的申报审核。

（6）惠农政策落实、惠农资金使用。

（7）社会救助，医疗、养老保险缴纳。

（8）涉及群众切身利益和群众关注的其他事项。

二、决策程序

第一步　村党组织提议。村级党组织会同村委会通过召开党员代表和村民代表会议或走访群众等形式征求意见形成议案。议案经多数人同意后方可确定。

第二步　村两委合议。村级党组织和村委会召开联席会议对提出议案进行讨论研究，过半数成员通过可形成初步意见，并以村两委名义上报镇党委、镇政府。村级党组织书记、村委会主任必须同时参加会议，特殊情况不能到会的，要对讨论事项发表意见。

第三步　镇党委镇政府对上报的议案进行审查把关和批复。

第四步　党员大会审议。由村级党组织召开全体党员大会，对镇审查后的议案进行讨论，同时发动党员做好村民的宣传和思想工作。

第五步　村民会议或村民代表会议决议。党员大会审议通过后的议案，根据事项的重要程度提交村民代表会议、户代表会议或全体村民会议进行表决。召开村民代表会议必须有三分之二以上的代表参加，所作决定应当经与会人员的过半数通过。召开全体村民会议或户代表会议，应当有本村 18 周岁以上村民的过半数参加，或者有本村三分之二以上的户代表参加，所作决定应当经与会人员的过半数通过。

第六步　进行公开公示。决议事项三个工作日内要通过村务公开栏等形式进行公开公示。

2011 年 8 月

天津县第五区曹家庄农业生产合作社简章（1951 年）

第一章　总　则

第一条　本社定名为天津县第五区曹家庄农业生产合作社。

第二条　本社是在土地私有制基础上，以劳力为主自愿结合的（土地合伙、按劳分红）集体生产的合作组织。为了合理使用劳动力、土地和资本，改进技术、提高质量，在团结互助，集体合作的基础上，以求得共同劳动致富而组成，要在共产党的领导下，逐渐走向农业集体化的道路。

第三条　本社以经营农业为主，结合有利农业生产的副业，结合供销提高生产技术，增加产量，增加国家财富及改善农民生活。

第四条　本社以户为基础，以劳动力为单位组成。

第二章　社　员

第五条　除地主、富农与被剥削政治权利者外，凡直接参加劳动的男女农民均可自愿申请入社，但须带全部土地或大部土地（允其留少量菜园）、经社员大会批准为社员。

第六条　社员有出社自由，但必须在年终总结前提出申请，至年终总结后退还其入股土地（开垦的国有土地，名誉入社的土地，不得予以退还），但土壤由于加工有显著改良者，须酌情缴纳补偿费（如影响集体互助合作时，由社内拨给同等数目的同等土地与该年应得的收获），简章未生效之前，自愿出社者例外。

第三章　权　利

第七条

一、有参加社内一切劳动的权利。

二、有参加社员大会讨论和表决社内一切问题的权利。

三、社内一切选举事项，年满十八周岁者有选举和被选举权；不满十八岁者有选举权无被选举权，不满十六周岁者，无选举权和被选举权。

四、对社内生产、财务和组织等一切工作，有审查、批评和建议的权利。

五、有享受社内一切文化、卫生和福利等权利。

第八条　义务

一、履行农民对国家应尽的义务，执行国家对合作农民赋予的责任。

二、遵守社章，必须服从正确的领导，不得忽视社章的规定。

三、保护公共财物，维护合作利益。

四、必须真诚地积极参加劳动。

第九条　社员在社内劳动或为社内服务，有成绩者经社员大会讨论，给予名誉上、物质上的奖励。凡违反社章、社的一切决议或者有破坏行为者，按情节轻重给予批评、警告或开除等处分，社开除之人根据本简章第六条处理之。

第十条　本社的组织原则是民主集中制，社员服从组织，下级服从上级，少数服从多数。

第十一条　全体社员大会为最高权力机关，由全体社员组成。

第十二条　生产管理委员会为最高执行机关（执行社员大会的一切决议事项及经营管理社内一切农副产业生产），由社员大会选举委员九人组成，推选正副主任共三人，任期一年，连选连任。

第十三条　全体社员组织五个生产队，十个生产小组，由各队、组选举队长、组长各一人，任期一年，连选连任。

第十四条　社内设立五个股，即宣教股、技术股、会计股、保管股、福利股。经社员大会每股评选一至二人，办理社内经常事务，任期一年，连选连任。

第十五条（略）

第四章　生产投资与土地、牲口、工具的使用

第十六条　建设初期生产投资，按户计算，由社员垫付、于收获后统一扣除（待有公积金后，由公积金内解决），如实无力投资者，社员之间互济解决。

第十七条　各户私有入社土地，一律打破土地界限，统一使用所有权应属原主。

第十八条　社员有私牲畜，须由社内优先使用、统一调配，工资按市价折卖实至分红期计息付给，1952 年定项工资每分工以 1300 元（旧币）付给利息。

第十九条　入社各户的生产工具一律统一使用，损坏由社里修理补偿。所有权属原主，出社时保证归还。社里所置工具、牲畜为全社所有。

第五章　劳动和计工

第二十条　社内一切工作，由全体社员负责。根据不同技术条件和生产需要，劳动力统一分配使用。劳动时以队为单位，根据作物，固定工作范围，实行生产任职。除聘请技术人员或特殊情况外不得雇工。

第二十一条　男女社员参加社内劳动时，应按照工作的轻重、质量的高低、数量的多少，于各种不同的种类的工作中，临时推选评议委员一、二，以民主评议方式，并决定应得的工分数。

第二十二条　社内主要干部（正副主任、会计），因社员内务工，短期内可以记工，较长期的开会或集训，可酌情予以记工（但总工数不得超过社员出工最高工数）。

第二十三条　入社干部为社短期办事或开会，可予以记工，但是长期开会或集训，可允其请短工代替。参加短期集训又为本社、又为村中社，可予以记半分；单为村中办事不予记工；单为村中长期开会或集训，可酌情允其找人代替劳动。

第二十四条　被社中派出参加非田间工作时，应与本人田间工作计工同。

第二十五条　社干、社员因病或发生人力不可抗拒的灾祸长期不能工作时，经主任、队长检查证明属实者，可暂允其请工代替（但其总工数不得超过社员出工的最高数者）。

第二十六条　入社的孤老残疾、缺乏劳动者，应以轻活尽其先做或于农忙时允其找人代工（但每亩不得超过全社土地规划用工数）。

第二十七条　劳力分工应给予女社员与半劳力工作上的方便。

第六章　收获物的分配

第二十八条　棉田定产每亩250斤，麦子、绿豆、高粱总收入加上棉花定产总收入等于农业总收入。由农业总收益内扣除种子、肥料、牲畜、工资等生产投资，及农业税、公积金（5%）、公益金（1%）以及其他开支等，按各队劳动工分别计算分配，棉花超产部分扣除公积金（5%）、公益金（1%）外，以队为单位按劳分红。为了养活牲口，所有一切农作物、副产品、除可作畜饲草者不分外，其他一律按工分计算分配。

第二十九条　副业盈余，扣除公积金、公益金，剩余部分由资本和劳动按一定比例分配。

第三十条　农业收益和副业盈余及超产部分，均按劳动工分平均分配，劳动多的多得，劳动少的少得。

第三十一条　公积金的5%作为扩大再生产之公共积累。公益金的1%用于社内举办社员文化、教育、卫生、公共福利等，及防备天灾人祸之用，两者均为全社所有，不得分配。出社按第二章第六条处理。

第七章 会议制度、学习制度和财务制度

第三十二条 全体社员大会，每月一次，总结生产计划，制定生产计划，奖励模范，进行选举，评比、讨论、处理全社一切重大问题（必要时可临时召开）。

第三十三条 生产管理委员会、检查委员会会议、每十五天开会一次，讨论生产计划，检查上一阶段工作，并检讨工作中的缺点，开展批评和自我批评（必要时可临时召开）。

第三十四条 小组会七天召开一次，检讨工作中的缺点，开展批评和自我批评。

第三十五条 主任（生产管理委员会及检查委员会主任）、队长联席会议、每十五天召开一次，传达布置工作，交流经验，开展竞赛和批评与自我批评。

第三十六条 碰头会，每晚组长以上干部，临时碰头一次，汇报当日工作并研讨此日工作。

第三十七条 成立读报组，每隔三天分队读报一次，全体社员参加（内容：时事、农业技术及各地合作经验）。

第三十八条 青壮年一律上民校，学习政治、文化。

第三十九条 账目日清月结，每月向社员大会报告财政情况和记工账目。

第四十条 分红期结算账目，根据规定作出盈余分配方案，农业种什么，分什么；副业按款分红。

第八章 附 则

第四十一条 本章程经社员大会讨论通过，经县人民政府批准，社章修改补充权属于社员大会，解释权归生产管理委员会。

1951 年

编后记

《曹庄子村志》历经三年的编写，经过多次修改、审核、核准最终完成，这是曹庄子村5000名村民的大事。至此，结束了曹庄子村无史可查、无志可鉴的历史，值得庆贺。

按照区、镇两级党委、政府对西青区“村村建档修志”的工作要求和部署，曹庄子村委会于2017年4月成立了由8人组成的建档修志领导小组，其中的5人组成编修工作队伍。由2名村干部负责统筹协调建档修志相关工作，1名工作人员负责村志手稿录入、核准、特色档案收集、数据整理等工作。另5人负责村志编修、资料收集、调查走访等工作。负责编写的5人平均年龄70岁以上，最小的70岁，最大的80岁，曾任曹庄子村历届村干部及相关职务，这为写好村志并梳理好曹庄子村发展历史打下良好的基础。

在工作中，我们采取资料收集、分章编写、主笔全书成文的办法。编写人员在任职期间对该村的相关事项进行汇集，对事件较长和掌握不准的问题再经走访调查、集中座谈、相关部门查档最后确定。村志中部分章节由两人负责，多数章节由主笔编写，以章节编写成书，全体编修人员一致认同主笔作出了主要贡献。

在《曹庄子村志》编写的过程中，编委会组织该村老村干部、生产队长、老农业骨干等12人参与村志资料确认工作，召开领导小组会议5次，推动制定编修实施方案及编修内容等相关工作，召开村志座谈会2次，走访调查50余次，最终确定曹庄子村村名的由来、历史形成，菩萨庙和关帝庙建成时间等问题。

在工作中，中北镇镇志办公室的领导多次到村内与村志人员研究编写工作，并在业务上给予帮助指导，西青区志办的相关领导、专家也曾多次到村指导帮助，使我们按照“八个一”标准，保证了《曹庄子村志》的编写、特色档案的收集、去档案室查阅、采集资料等工作按照时间节点逐步完成。

在编写过程中，我们得到南开区档案局、西青区档案馆、西青区志办、中北镇志办、中北镇档案室等工作人员的热情接待和帮助，使我们查阅到很多村志资料。西青区志办、中北镇志办以及赵继华等市有关专家老师在初稿、复审、终审阶段给予了莫大帮助，使《曹庄子村志》内容有了质的飞跃，对此我们表示衷心的感谢。

最后，祝曹庄子村的发展之路越走越宽广，曹庄子村村民的生活越过越好。由于水平有限、能力不高，书中难免有缺点和不妥之处，恳请各位读者批评指正。

编　者

2018 年 12 月